松本隆の
ことばの力

藤田久美子インタビュー・編
Fujita Kumiko

インターナショナル新書　085

目次

第二章　ことばの力

人生はリズム
ぼくはドラマーだからリズムには強い／リズムや旋律にことばを乗せる
歌詞：『抱いて…』松田聖子

第三章

詞の作り方

毎回白紙に戻すことが大事
コツに頼らない／コツは捨てたが、決めていることはいくつかある
使わないことば、使いたくないことば／詞が先か、曲が先か
扉の向こうに詞の宇宙がある／詞はライフスタイル
歌詞：『メイン・テーマ』薬師丸ひろ子、『しらけちまうぜ』小坂忠
『君は天然色』大滝詠一、『白いパラソル』松田聖子、『ガラスの林檎』松田聖子

少年像とダンディズム
虚飾なく表現できていた頃／虚構としての男性像はなかなか摑めなかった
究極のダンディズム／ダンディズムは生き方
歌詞：『微熱少年』鈴木茂、『安物の時計』矢沢永吉、『てぃーんず ぶるーす』原田真二

はじめに

松本隆さんの「ことば」にフォーカスした企画に興味はありませんか、というメールが届いたのは二〇一九年一〇月でした。興味は大いにあります。

作詞家というカテゴリーのなかで松本隆の名前は私にとって別格で、でも、それはただ漠然と、畏れ多くもシンパシーを感じていただけなのですが、松本さんのお話を聞くうちにだんだんその理由がわかってきました。ことばの神様が松本隆というフィルターを通して日本人に届けたものは、直観として共感できる、造りものではない「愛」と「希望」で、それが私にも届いていたということなのではないか、と。

この本は、松本さんの作詞家としての五〇年と、作詞家・松本隆を作った背景を、「ことば」を拠り所に探ろうとしたものです。お話を拝聴し、行間を補うために、著作を拝読し、出演されたテレビ番組や配信を拝見して、松本さんのことばを再構成したものですが、付け加えた情報も含め、すべての文責は藤田にあります。

天才の、天才たる理由を本人に尋ねることほど空しい作業はありません。結局、何を聞くことができたのか、はなはだ心もとないのですが、松本さんが、日本の音楽に与えた影響の大きさはひしひしと感じましたし、それを伝えることができていれば幸いです。松本隆という才能が日本に存在していなかったら、今、私たちが聴いている音楽はずいぶんと違うものになっていたであろうことは想像に難くありません。

松本隆のことばを愛するすべての人に。

第一章　はじめにことばありき

古事記と世阿弥と松田聖子

音楽の起源を遡る

バッハの『受難曲』を得意とするエルンスト・ヘフリガー（一九一九年～二〇〇七年、享年八七）というスイス出身のテノール歌手と対談したことがある。別の項で述べるが、彼の歌うシューベルトを聴いた時の経験が、のちにシューベルトの歌曲集を日本語化するきっかけになった。

『受難曲』は、福音書に基づくキリストの受難を描いた音楽作品で、このテノール歌手によれば、こうしたキリスト教音楽を含め西洋のクラシック音楽の起源を遡ると、そのすべてが中東の羊飼いの歌に辿り着くのだという。クラシック音楽の、言わば聖地であるウィーンをヨーロッパの入口とすれば、ヨーロッパとアジアとの境にその音楽の起源がある。

一方、日本のことばの起源は雨乞いにあると、ぼくは思う。穀物が豊穣に実りますようにという願いと、そのための雨を呼ぶ祈りは表裏一体で、神様に思いを伝えるためにことばが必要になった。神への祈りがことばになった。

西洋の歌の起源が羊飼い、動物だとすれば、日本の場合は穀物、植物が起源だ。

祈るためのことばを人類は欲した

踊りも祈りも神に奉納するものとして始まった。スサノオノミコトの横暴に怒って天岩戸に隠れたアマテラスオオミカミを誘い出したのは、アメノウズメノミコトのストリップだ。日本の神様は、キリスト教と違って下品なところもあって、そこが面白いと思う。スサノオノミコトもオオクニヌシノミコトも、とても人間的だ。

スサノオはヤマタノオロチを退治して、救った村の娘クシナダヒメを妻にする。妻のために出雲に社を造り、和歌を詠む。それが、日本でいちばん古いとされる和歌だ。

八雲立つ　出雲八重垣　妻籠《つまご》みに　八重垣作る　その八重垣を

(幾重にも雲が湧き上がるこの出雲に八重垣のように雲が湧き上がる。妻と住む宮にもその雲のような八重垣を作った)

スサノオは、武勲の持ち主というだけでなく、意外にも文学の素養もある文武両道の神だった。

最強の呪文

横笛奏者の藤舎貴生《とうしゃきしょう》さんから、『古事記』を音楽にしようという企画の作詞を依頼されたのは二〇一〇年の秋だったと思う。藤舎さんがプロデュースと作曲を担当した『幸魂《さきみたま》奇魂《くしみたま》』は、長唄・清元・謡曲といった、普段はいっしょに演奏することのないジャンルを超えた純邦楽の演奏者が、横笛、尺八、鼓、太鼓、三味線、箏で参加し、二枚組のCDになって古事記編纂一三〇〇年にあたる二〇一二年に発売された。紫綬褒章を受章している尺八の山本邦山さん、世界的に活躍する太鼓の林英哲さんも演奏に加わっていて、語りは市川染五郎（現・松本幸四郎）さん、若村麻由美さんが担当し、この年のレコード大賞企画賞を受賞した。

依頼を受けてから半年、『古事記』を松本文体でどんどんリライトしていった。それはオオクニヌシで終わった。それ以上は書けなかった。神武天皇は出てこない。それでもとんでもない大作になってしまった。できあがった歌詞の束を代官山の喫茶店で藤舎さんに渡したその四日後に東日本大震災があった。藤舎さんはショックで曲が作れなくなってしまった。ぼくのショックも大きかった。

この作品は、オオクニヌシが日本を統一できず迷っている時に、奈良の三輪山に神を祀って祈れば願いは叶うというシーンで終わる。その歌詞の通りに、藤舎さんを誘って三輪山の大神神社《おおみわじんじゃ》に祈りに行った。日本が困った時にはこの呪文を唱えなさいということを、ぼくは詞に書いた。「さきみたまくしみたま」はその呪文なのだ。いちばん聖なる呪文で、最強の呪文であり、日本人にとってこれ以上に強い呪文はない。

三輪山は白い大蛇の神様で山がご神体になっている。その三輪山に行って神様にお願いした。「国を救ってください」と。

「試験に受かりますように」「家内安全」といった個人の願い事が書かれている絵馬がほとんどのなかで、ぼくの絵馬は目立ったらしく、神主さんに呼び出された。これはどういう意味かと問われて、経緯を答えると、その神主さんがぼくのためにオリジナルの祝詞を読んでくれた。祝詞を聞いて、ことばが生きていると思った。

大国主神が美保の岬にいると
波間に天《あめ》の羅摩船《かがみのふね》に乗り
鵝鳥《がちょう》の皮の服を着た神がやってきた
名を聞いても答えず、おつきの神々も知らないと言う

そのとき、蝦蟇《がま》が「久延毘古《くえびこ》なら知っているはず」と言った
久延毘古に尋ねると、「神産巣日神《かみむすび》の御子、少名毘古奈《すくなびこな》神です」と答えた
神産巣日神は「私の子に違いありません。手の指の隙間から零れ落ちた子です」と言った

それから大国主神と少名毘古奈は協力してこの国を造り固めた
のちに少名毘古奈は海の常世の国にお渡りになった
大国主神は「私一人で、どうしてこの国を造れるのだろう。どの神が力になってくれるだろう」と思い悩んだ

そのとき海の向こうから不思議な光を放つ神が現れた
「私の御魂を祭ってくれるなら、一緒に国造りを手伝おう。私抜きではこの国は完成しないだろう」
「あなたはどなたでしょう」
「私はお前の『幸魂奇魂』である」

「ああ、わかりました。ではどのようにお祭りしたらいいのでしょう」

「大和を取り囲む青い山々の、東の山の上に清めて祭りなさい」

この神こそ三輪山の頂においでになる神さまである

幸魂　奇魂　守り給え　幸《さき》はえ給え
ちりぢりの魂を光の糸でつなぎ結んで
幸魂　奇魂　守り給え　幸はえ給え
花が咲き草萌ゆるこの国を風の櫛で梳かして
（『幸魂奇魂』）

この音楽劇は、ＣＤが発売された二〇一二年に京都の南座で三日間にわたって公演された。終演後明かりが点くと、客席の半分くらいの人が涙を流している。繰り返される「さきみたまくしみたま」が、日本人の心に響いたのだと思った。

日本舞踊家、尾上菊之丞さんの作・演出による舞踊の映像作品『地水火風空 そして、踊』のクライマックスにも、この『幸魂奇魂』が使われている。二〇二一年の年初、世界に向けて配信されたこの映像は、コロナ禍により公演の場を失っていた舞踊家や演奏家のための作品でもあった。

写真家であり演出家でもある杉本博司さんが造った小田原にある江之浦測候所の、海を望む光学硝子でできた舞台で踊る藤間爽子（現・藤間紫）さんは、この世界が再び幸せを取り戻すよう祈るアマテラスのようであった。映像を見て、九年前ぼくたちはいい仕事をしたのだと、改めて思った。こういう作品ができたことは誇っていいと思う。

時分の花とアイドル

能も、神への祈りが発展したものだ。世阿弥が著した『風姿花伝』によれば、能の起源はインドにあるとするもの、日本において神代から伝わってきたとするもの、いくつかの説があるようだ。いずれにせよ、能は神事として現代まで伝わった。

シテ方と呼ばれる主役は面を被って謡いながら踊る。面の下で発声するのだから、謡いの声はくぐもっていてはっきり聞き取れない。衣装も非常に重く、重心が低い摺足で動く。舞踊劇という意味では同じ範疇かもしれないバレエとは、全く異なる芸能である。

『風姿花伝』は、演技論・芸術論として書かれた本で、年齢に応じた能の稽古における心得、能の動き、能の美学などに関しても世阿弥は言語化している。世阿弥という天才が、能という芸術を的確にことばにして説明している著作である。

　世阿弥の「時分の花」ということばは、ぼくが関わっていたアイドルと重なる考え方だ。「子どもは花があればいい。そこにいるだけで華やぐ。しかし、年齢を重ねるにしたがって芸の深みが必要になる」と世阿弥は説く。アイドルも、最初はかわいらしくあればそれでいい。そこに登場しただけで後光が射す。世阿弥の言う「真《まこと》の花」は、三〇代後半になって開花する。それは、生身の肉体から出る実力だ。年を取ると、ただかわいいだけでは売れなくなる。

　ぼくがアイドルの仕事をしていた当時は、五〇歳六〇歳を過ぎてまだ生き残れるアイドルがいるとは思ってもいなかった。今の松田聖子さんを見ると堂々と生き延びている。彼女は日本が誇るお姫様だ。彼女を超える人はその後出てきていないし、過去の姫たちにも勝っているとぼくは思う。

　二〇一九年、聖子さんのプレ四〇周年記念コンサートの大阪城ホール公演を観た。観客の半数近くがリアルタイムで聴いていない若い世代だった。四〇年残った歌は、きっと一〇〇年残ると思う。そう信じている。

万葉集とラブソング

求愛のためのことば

神への祈りと同時に、人類は求愛のためにことばを欲した。ぼくの仕事は歌を作ることだが、その八割方はラブソングだ。そういう意味で歌の役割は奈良時代から少しも変わっていない。距離感が違うだけだ。

万葉集にこういう歌がある。

夕されば　ひぐらし来鳴く生駒山　越えてぞ吾が来る　妹が目を欲り
(夕暮れになると蜩が来て鳴く生駒山を越えて、私はここに来る。妻に一目逢いたくて)

妹に逢はず　あらばすべなみ　岩根踏む　生駒の山を　越えてぞ吾が来る
(あなたに会わずにはいられなくて、岩を踏み生駒山を越えて私は来た)

どちらも遣新羅使《けんしらぎし》の歌[*1]を収録している巻一五に載っていて、下級官人が大阪から奈良まで、生駒の険しい峠道を越えて愛しい人に会いに行く様子を詠んでいる。直線距離でも四〇キロメートルもの道のりを、当然のことながら自分の足で移動するわけだ。

一方、距離的には近くても簡単に逢うことができない貴族同士の恋愛上のコミュニケーションも、万葉の時代は和歌を通じてやり取りされていた。歌の上手下手が恋愛に直結していたということだ。男性から和歌を贈り、女性はそれに返歌をするのが礼儀だったし、それができないと教養がないと見なされてしまう。返ってきた歌を見て、相手の教養の程度を見極める。日本の貴族は歌を贈り合うことで相手との関係を深めていった。

＊1　遣新羅使の歌　遣隋使や遣唐使が中国への使節なら、遣新羅使は古代朝鮮半島にあった新羅への使節で、万葉の時代に三〇回近く難波津から新羅へ船が出たという記録がある（回数に関しては諸説あり）。当時、大和国の中心だった奈良で任命された使節団は、今の大阪に向かい難波津の港から船で新羅へ向かった。海上の天候次第で難波津に足止めされることもあり、この歌はそういう足止めの間に帰宅を許された下級官人が詠んだとされる。

万葉集でぼくが興味を持った歌人は額田王だ。天武天皇（大海人皇子・弟）と天智天皇（中大兄皇子・兄）の兄弟、天皇ふたりを手玉に取った絶世の美貌の持ち主とされている人物である。額田王は歌の名手で、万葉集にも長歌三首、短歌一〇首が採用されている。そのうちの一首。

熟田津《にきたつ》に　船乗りせむと　月待てば　潮もかなひぬ　今は漕ぎ出でな
（熟田津〈四国伊予の港〉で、船を出そうと月を待っていると、潮の流れもよくなってきた。さあ、今こそ船出の時）

これは、朝鮮半島の百済からの要請で船出する軍の、士気を高める歌を、という斉明女帝の求めに応じて詠んだ作とされている。戦争か平和かということで言えば、戦いに出る兵を鼓舞するのはよいことではないけれど、歌を詠む人間にとって、これは栄誉である。優れた歌人であったことを裏付けるエピソードだ。その額田王の恋の歌として有名な和歌とそれに返した大海人皇子の歌が次の二首だ。

茜さす　紫野行き標野《しめの》行き　野守は見ずや　君が袖振る
（紫草が茂っている狩場の標《しめ》が張ってある野を行きながら、私に手を振るあなた。野の番人が見るではないか）

紫の　匂へる妹を憎くあらば　人妻ゆゑに　吾恋ひめやも
（紫草のように美しいあなたを憎く思っていたのなら、人の妻であるあなたを恋しいと思ったりはしない）

この歌が詠まれたのは宴席で、その場にこの時点で額田王の夫であった中大兄皇子も同席しており、焦がれる恋の歌ではなく、余興だったという説が現在では有力とされているそうだが、恋の歌とその返歌であることは疑いようがない。

古典を神棚にあげるのはやめよう

普通に学校で習う程度の知識しか持っていなかった万葉集を、改めて読み直したのは太田裕美を手掛けていた頃だった。古典を神棚にあげて拝んでしまうのではなく、ぼくは、人間がその時代をどう生きたかに興味がある。時代を経ても似たようなことをやっているということが確認できたし、歌を受け取り、それを歌にして返す歌によるコミュニケーションが『木綿のハンカチーフ』（曲／筒美京平、一九七五年発売）のヒントになった。

恋人よ　ぼくは旅立つ
東へと向かう列車で
はなやいだ街で　君への贈り物
探す　探すつもりだ

いいえ　あなた　私は
欲しいものはないのよ
ただ都会の絵の具に
染まらないで帰って
染まらないで帰って

恋人よ　半年が過ぎ
逢えないが泣かないでくれ
都会で流行りの　指輪を送るよ
君に　君に似合うはずだ

いいえ　星のダイヤも
海に眠る真珠も
きっと　あなたのキスほど
きらめくはずないもの
きらめくはずないもの

恋人よ　いまも素顔で
くち紅も　つけないままか
見間違うような　スーツ着たぼくの

写真　写真を見てくれ

いいえ　草にねころぶ
あなたが好きだったの
でも　木枯らしのビル街
からだに気をつけてね
からだに気をつけてね

恋人よ　君を忘れて
変わってく　ぼくを許して
毎日愉快に過ごす街角
ぼくは　ぼくは帰れない

あなた　最後のわがまま
贈りものをねだるわ

ねえ　涙拭く木綿の
ハンカチーフ下さい
ハンカチーフ下さい

（『木綿のハンカチーフ』）

この歌を書いた頃、遠距離恋愛なんていうことばはまだ生まれていなかったが、日本は高度経済成長の真っ只中で、進学や就職のために故郷を離れて都会を目指す若者が増え、それが恋愛にも影響するようになった。
『木綿のハンカチーフ』は、都会の生活を謳歌する若者と田舎に残った恋人の相聞歌だ。具体的な地名を入れなかったのは意図してのことで、地名がないおかげで日本のどこにでもある身近で普遍的な風景を描くことに成功したと思う。

真実は時の娘

時間が経っても残っているものこそが本物

「真実は時の娘」というフレーズはヨーロッパの古いことわざで、レオナルド・ダ・ヴィンチが残したメモにも書き留められているそうだ。一七世紀初頭に活躍したイギリスの哲学者で神学者でもあるフランシス・ベーコンが、書のなかで引用したことで広く知られるようになったという。「真実は隠されていても、時間が経てば明らかにされる」という文脈で語られることもあるようだが、ぼくは「時を経て残るものが本物」と解釈している。

本物と偽物が混在していても、時間が経てば本物だけが残るということ。同時代では玉石混淆でどれが本物かわからなくても、時は残酷だから、結局残るのは本物だけだ。

はっぴいえんどは、売れなくてもいいから残るものを作ろうという気概で始めたバンドだった。当時は本当に売れなかった。けれど、三枚出したアルバムは今もなお売れ続けている。だから、残ったと言えるし、累積すれば売れたと言ってかまわないのかもしれない。

歌謡曲を始めた時は、売れるものを作ろうと思った。売れないとダメだと思って作っていた。『赤いスイートピー』（歌／松田聖子、曲／呉田軽穂、一九八二年発売）のように、当時も売れたし、時の篩《ふるい》にかけられたうえで残った歌があるのは嬉しいことだ。

春色の汽車に乗って　海に連れて行ってよ
煙草の匂いのシャツにそっと寄りそうから

何故　知りあった日から半年過ぎても
あなたって手も握らない
I will follow you　あなたについてゆきたい
I will follow you　ちょっぴり気が弱いけど
素敵な人だから
心の岸辺に咲いた　赤いスイートピー
四月の雨に降られて　駅のベンチで二人
他に人影もなくて　不意に気まずくなる
何故　あなたが時計をチラッと見るたび
泣きそうな気分になるの？

I will follow you　翼の生えたブーツで
I will follow you　あなたと同じ青春
走ってゆきたいの

線路の脇のつぼみは　赤いスイートピー

好きよ　今日まで　逢った誰より
I will follow you　あなたの生き方が好き
このまま帰れない　帰れない

心に春が来た日は　赤いスイートピー

（『赤いスイートピー』）

時代より早過ぎたのかもしれない

もちろん、売ろうと思って作っても売れなかった歌はあるし、売れたけど忘れられた歌もたくさんあるが、近年、そういう歌までも掘り起こして聴いてくれるマニアックな人たちがいて、自分でも忘れていた歌を聴く機会が増えた。

たとえば、一九八二年に細野晴臣さんと手掛けた三人組のスターボーは、今ならPerfumeのようなテクノグループだった。時代より早過ぎたのかもしれないが、商業的には苦戦した。

それが、メンバーのひとりが同じ長崎県出身ということで福山雅治さんがラジオで紹介してくれたり、NHKのドラマ『あまちゃん』のコンピレーションアルバムに、脚本家の宮藤官九郎さんが八〇年代のヒット曲として『ハートブレイク太陽族』(曲/細野晴臣、一九八二年発売) を選曲してくれたり、若い世代にも知られるようになった。

飛ばそうぜ　渚まで肩を抱いて
泣けそうなCAR-RADIO風に乗せて
アロハのボタンひとつ外せば
もっと自由に愛しあえるさ

淋しいぜ　すねるよな　おまえの眼が
誰だって傷ついて生きてるのさ

俺の気持ちはオーバーヒート
海辺のロードスラロームする

ハートブレイク気分に火をつけて
ギラギラ夕陽が燃えてるぜ
ハートブレイク気分で抱きしめて
俺から不良に
なっちまう　なっちまう
なっちまう　なっちまう
熱いぜ　太陽の季節

かすり傷ひとつない愛はないぜ
もう何もいらないよ　お前がいる

火遊びでいい　そんなセリフが
やけた心にしみて痛いぜ

ワルぶったルックスじゃだませないぜ
ぎこちないキスのあとふるえている

俺のマシンは夜空を越えて
今夜お前を連れ去りたいよ

ハートブレイク気分に火をつけて
ギラギラ夕陽が燃えてるぜ
ハートブレイク気分で抱きしめて

俺から不良に
なっちまう　なっちまう
なっちまう　なっちまう

ハートブレイク気分に火をつけて
ギラギラ夕陽が燃えてるぜ
ハートブレイク気分で抱きしめて
俺から不良に
なっちまう　なっちまう
なっちまう　なっちまう
熱いぜ　太陽の季節

（『ハートブレイク太陽族』）

松本、いっしょにやってくれ

細野さんから「一位を取れる歌を」と頼まれて、YMOのために書いたのが『君に、胸キュン。』（曲／細野晴臣、坂本龍一、高橋幸宏、一九八三年発売）だ。「君に胸キュン」というフレーズは、コマーシャル用にコピーライターから提供されたことばだ。

君に胸キュン 浮気な夏が
ぼくの肩に手をかけて
君に胸キュン 気があるの?って
こわいくらい読まれてる

さざ波のラインダンス 時間だけこわれてく
まなざしのボルテージ熱くしながら

君に胸キュン 夏の印画紙
太陽だけ焼きつけて
君に胸キュン ぼくはと言えば
柄にもなくプラトニック

心の距離を計る　罪つくりな潮風
眼を伏せた一瞬の　せつなさがいい

CIAO BELLO, UNA NOTTE CON ME,
CHE NE DICI？
MI PIACI TANTO,
VORREI VEDERE COSA SAI FARE AL LETTO.
DAI VIENI A DIVERTIRTI CON ME.

君に胸キュン　愛してるって
簡単には言えないよ

伊太利亜の映画でも見てるようだね

君に胸キュン　浮気な夏が

ぼくの肩に手をかけて
君に胸キュン　気があるの？って
こわいくらい読まれてる

君に胸キュン　愛してるって
簡単には言えないよ
君に胸キュン　渚を走る
雲の影に包まれて

君に胸キュン　浮気な夏が
ぼくの肩に手をかけて
君に胸キュン　気があるの？って
こわいくらい読まれてる

（『君に、胸キュン。』）

ところがこの曲は、やはり細野さんと作った松田聖子の『天国のキッス』（一九八三年発売）も上位にいて、とうとう二位止まりだった。細野さん、自分で自分の邪魔をしてしまった。

Kiss in blue heaven　もっと遠くに
Kiss in blue heaven　連れて行って
ねぇ　Darlin'

ビーズの波を空に飛ばして
泳げない振りわざとしたのよ
ちょっとからかうはずだったのに
抱きしめられて気が遠くなる

Kiss in blue heaven　雲の帆船
Kiss in blue heaven　乗せて行って
ねぇ　Darlin'

おしえて　ここは何処?
私生きてるの?

天国に手が届きそうな
青い椰子の島

愛してるって言わせたいから
瞳をじっと見つめたりして
誘惑されるポーズの裏で
誘惑してるちょっと悪い子

Kiss in blue heaven　もっと遠くに
Kiss in blue heaven　連れて行って
ねぇ　Darlin'

おしえて　ここは何処？
海の底かしら？

熱帯の花が招いてる
二人だけの島

Kiss in blue heaven　もっと遠くに
Kiss in blue heaven　連れて行って
ねぇ　Darlin'
（『天国のキッス』）

売れるものと売れないもの、消えてしまうものと残るものの差は何なのか、自分ではわからない。考えてはいるが、答えは見つからない。

第二章　ことばの力

言語化するということ

だんだんよくなるよと言ってあげたい

たとえば、心の中にぼんやりと悲しい気持ちがあったとする。それを言語化して、口に出したり、紙の上に「私は悲しい」と文字で書いたりすると、意味を限定することになる。「悲しい」以外の部分を切り捨ててしまう。「悲しい」のまわりにはもっと他の感情もきっとあるはずなのに、ことばにしてしまうと「悲しい」だけが残る。言語化するということは、ある種の印を押すようなもので、まじないのように自分で自分を暗示にかける心理的な作用を持っていると思う。

ことばは気を付けて使わなければならない。「私は不幸だ」と繰り返し言う人は本当にどんどん不幸になる。「私は幸せだ」とことばにして言っていれば、長い年月がかかったとしてもその人は幸福になっていく。

ぼくが作る詞においては、不幸だと暗示にかけるのではなく、getting better だんだんよくなるよ、ということを言ってあげたいと思っている。不幸であることと馴れ合って、傷を舐め合うような詞は書かない。失恋の歌を書いても立ち直れない歌は作らない。ひとつも作っていないと思う。

ジャニーズに書いた失恋ソング

失恋は当事者にとっては死にも値する大惨事だ。『スニーカーぶる～す』（歌／近藤真彦、曲／筒美京平、一九八〇年発売）も、『硝子の少年』（歌／KinKi Kids、曲／山下達郎、一九九七年発売）も、失恋の惨劇から立ち直る気持ちを歌っている。

ペアでそろえたスニーカー
春夏秋と駆け抜け
離れ離れの冬が来る
五分だけでもいいから
俺の話を聞いてよ
別れの電話取り消せよ
Zig Zag, Zig Zag Zig Zag　一人きり
青春の手前で裏切りはないぜ

Zig Zag, Zig Zag Zig Zag　二人きり
このままで背中からずっと抱いていたい

Baby　スニーカーぶる～す
Baby　この世界中
Baby　涙でびしょ濡れ
Baby　スニーカーぶる～す
Baby　俺達はまだ
Baby　青春知らずさ

Zig Zag, Zig Zag Zig Zag　一人きり
うつむいたまぶたに最後の口づけ
Zig Zag Zag, Zig Zag Zig Zag　二人きり
偽りのやさしさで俺を泣かせるなよ

街角は雨　ブルースのようさ
胸でFuzz Guitar
かきならすようさ

Baby　スニーカーぶる〜す
Baby　お前が好きさ
Baby　別れても好きさ
Baby　スニーカーぶる〜す
Baby　俺達はまだ
Baby　青春知らずさ

Baby　スニーカーぶる〜す
Baby　お前が好きさ
Baby　別れても好きさ
Baby　スニーカーぶる〜す

Baby　俺達はまだ
Baby　青春知らずさ

（『スニーカーぶる～す』）

雨が踊るバス・ストップ
君は誰かに抱かれ
立ちすくむぼくのこと見ない振りした

指に光る指環
そんな小さな宝石で
未来ごと売り渡す君が哀しい

ぼくの心はひび割れたビー玉さ
のぞき込めば君が
逆さまに映る

Stay with me

硝子の少年時代の
破片が胸へと突き刺さる
舗道の空き缶蹴とばし
バスの窓の君に背を向ける

映画館の椅子で
キスを夢中でしたね
くちびるがはれるほど囁きあった

絹のような髪に
ぼくの知らないコロン
振られると予感したよそゆきの街

嘘をつくとき瞬きをする癖が
遠く離れてゆく
愛を教えてた

Stay with me
硝子の少年時代を
想い出たちだけ横切るよ
痛みがあるから輝く
蒼い日々がきらり
駆けぬける

ぼくの心はひび割れたビー玉さ
のぞき込めば君が
逆さまに映る

Stay with me
硝子の少年時代を
想い出たちだけ横切るよ
痛みがあるから輝く
蒼い日々がきらり

Stay with me
硝子の少年時代の
破片が胸へと突き刺さる
何かが終わってはじまる
雲が切れてぼくを照らし出す
君だけを愛してた
（『硝子の少年』）

思念をことばにする時、そのことばは力を持つ。「弱い」と思っているのに「強い」と言っても、それはただの強がりであり説得力はない。ブルーだったものを、赤と言っても成立しない。思念の種をどう育てて言語化していくか、そのバランスのとり方がことばを見つける時に重要なのだと思う。

ぼくが作詞家になるまで

子どもの頃の音楽環境

父も母も、音楽には興味がなかった。母は伊香保温泉にある写真館の娘で「伊香保小町」と言われるほどの美人だった。男装して男の神輿を担いでしまうような色気のない人だったのだが、国鉄のポスターのモデルに選ばれたことがあるほどで、税務署に勤めていた父が母の実家に税務調査に行って見初めたのだそうだ。一目惚れだったらしい。父はその後大蔵省（現・財務省）の役人になって、文書課で大臣が読む原稿を書いていた。

母は、興味がないなりに渋谷の東横劇場に『白鳥の湖』のバレエ公演を観に連れて行ってくれたり、ピアノを習わせてくれたりした。ピアノは嫌いで、すぐにやめてしまったが、あのまま続けていたら作詞作曲がひとりでできるようになったかもしれない。

堅物の父が、ある日、電動蓄音機を持って帰って来た。職場の同僚にオーディオマニアがいて、高級オーディオを原価で安く手作りしてくれたのだそうだ。洗濯機くらいの大きさで、スピーカーもアンプも木の箱に入っていて、蓋を開けるとプレイヤーが付いている。塗装もしてあって、そのまま売れそうなくらい完成度の高い蓄音機だった。

父が持って帰ったのは機械だけで、家にはレコードはなく、映画音楽のソノシートを手に入れて聴くようになった。ソノシートは安いから子どもでも買える。一枚五〇円くらいだったと思う。『大いなる西部』、『荒野の決闘』、『ベン・ハー』、『アラビアのロレンス』、『ドクトル・ジバゴ』……。ヒッチコック映画の音楽も好きだった。

父は映画好きで、映画館にはよく連れて行ってくれた。映画音楽は小学六年生のぼくにいちばん身近な音楽だった。銀座の映画館で映画を観た後に、スエヒロでハンバーグを食べる。カップに入ったポタージュが美味しかった。黒澤明の『七人の侍』を家族で観て、帰りの銀座線を降りると外苑前が火事で、映画とリンクして怖かった記憶も鮮明に残っている。

その後、中学生になってからは、フランス文学にかぶれてジャン・コクトーやラディゲ、ランボー、ボードレールを読むようになり、コクトーと同時代のストラヴィンスキー、ドビュッシー、ラヴェルを聴き始めた。チャイコフスキーやベートーヴェンは月並みだと思っていた。

港区立青南小学校の、図書室で仲良くなった石原信三とは、慶應中等部でも同級だった。彼と図書館の本棚の端から端までどちらが早く制覇できるかスピードを競った。石原はのちに、はっぴいえんどのマネジメントを担当する。乱読のなかから、中学生のぼくの琴線に触れたのがフランス文学だった。棚には「ドリトル先生」もあったし宮沢賢治もあった。若いうちに、選り好みせず様々なジャンルの本を読破した経験は自分の糧になっていると、この年になってしみじみ思う。

ビートルズがやってきた

ビートルズが日本で初めてレコードをリリースした一九六四年、ぼくは中学三年生だった。クラスの友だちが学校に持ってきた『抱きしめたい（I Want To Hold Your Hand)』のシングル盤が、ぼくのその後の人生を変える。英語の授業中に教室でそれを聴き、英語教師が「wanna は、want to の略だから覚えておくように」と解説してくれた。そういう自由な気風の学校で、柔らかな思考を養いつつ学べたことは幸せだった。

世界中のたくさんの少年たちがそうだったように、ビートルズに刺激されて中学の仲間とバンドを組んだ。どちらかというとシャイで、出たがりではないぼくは、なるべく目立たないようにドラムを選んだ。ステージに出てライトを浴びるのはボーカルで、ドラムは縁の下の力持ち。ドラムやベースにはライトは当たらない。ぼくがバンドを始めた頃はそうだった。皆がコピーしているビートルズではつまらないと、シングル・チャートで『抱きしめたい』を抜いたデイヴ・クラーク・ファイブをコピーした。後から考えるとバンドとしては二流なのだが、何も知らない中学生にはカッコよく思えたのだ。

高校生になってから新しく組んだバンド、バーンズには、その後、細野さんが加入することになり、はっぴいえんどにつながっていく。一時期はいつもドラムスティックを持ち歩き、少年マガジンや少年サンデーを叩いていた。分厚い漫画雑誌は、ドラムの練習に叩き心地がちょうどよかった。

高校二年生の時、ドラムメーカーが主催するコンテストの全国大会で優勝して、そのご褒美に『ヤング720』というTBSの音楽情報番組でドラムソロを披露したこともある。番組の司会は、作詞家で精神科医の北山修さんだった。北山さんはザ・フォーク・クルセダーズを解散してすぐの頃だったと思う。担任の先生に午前中休む理由を話し、許可をもらったことを覚えている。

はっぴいえんどまでの紆余曲折

慶應大学商学部に進学してからの半年は怒濤の時期だった。学生運動が盛んだった頃で、大学は閉鎖され休講が続くなか、バーンズは、バイト料を目当てにジミ・ヘンドリックスやクリームのコピーを、広告研究会が運営している葉山のキャンプストア（海の家）や、赤坂や青山のクラブ、軽井沢のホテルのパーティで演奏し、学内のイベント団体「風林火山」の主催で、はっぴいえんどの原型となるオリジナル曲を含むコンサートもやっている。

二年生に進級する年の四月一日に結成されたエイプリル・フールへの加入を誘われた時は、躊躇があった。後戻りできなくなると思った。結局、両親の反対を押し切ってそのままプロデビューし、同じ年の九月には、はっぴいえんどの前身となるヴァレンタイン・ブルーに加入して、大学は中退することになる。

はっぴいえんどで目指したのは、都市の音楽を作るということだった。それまでの日本の音楽は、演歌も四畳半フォークと呼ばれるものも、テーマは貧困と不幸で、日本全体がまだ貧しく、貧困や不幸は日本人が共通して持っている時代のムードだったのだと思う。

七〇年代にさしかかった時期、富士ゼロックスの「モーレツからビューティフルへ」というような広告コピーが象徴するような、それまでとは異なった新しい物語を必要とし始めているタイミングだったからこそ、ぼくたちがやろうとしていた音楽が成立した。

ぼくは慶應の大学生で、東京で生まれて育って、裕福ではないけれど帰る家もあり、食べるのにも困らない。細野さんは立教で、鈴木茂はまだ高校生だったが、やはり東京の子で、大滝さんは生まれは岩手だけれど早稲田の学生で、言ってみればメンバーが全員ぼんぼん育ちのバンドだった。はっぴいえんどが目指したのは、そういうぼくらの都市の音楽が根を下ろして、大衆の音楽になることだった。

解散コンサートの伝説

解散コンサートで、最後の演奏を終え、ぼくは宙にスティックを投げ、椅子を立ち、袖に歩み去った。背後で床にスティックがカランと落ちるのが聴こえた。都市伝説みたいで、ほんとかよ? とぼくも思ったが、ステージを見た何人もの人から、かっこよかったと後に聞いた。

文京公会堂で一九七三年九月二一日に行われたこのコンサートでは、南佳孝、吉田美奈子がデビューし、大滝詠一が注目していたシュガー・ベイブ(山下達郎、大貫妙子、村松邦男、鰐川己久男、野口明彦)、細野晴臣のキャラメル・ママ(鈴木茂、林立夫、松任谷正隆）も演奏した。ぼくは、鈴木慶一の弟の鈴木博文や、矢野誠といっしょに、ムーンライダーズとしてもドラムを叩いた。バンド名は稲垣足穂の『一千一秒物語』の一篇、月が昇ると現れる白い仮面の騎士隊の話から頂いた。ぼくがこのバンドを抜けてしまった後、鈴木慶一がムーンライダーズの名前を引き継いでくれて、ぼくが入っていた頃はオリジナル・ムーンライダーズと呼ばれている。

はっぴいえんどが、解散と同時にたくさんの音楽の種を蒔いたという自負はある。解散する時に各人それぞれがバンドやアーティストをプロデュースすることになったのは、はっぴいえんどのプロダクション・風都市の方針で、石原信三が仕掛けを作った。

解散コンサートには新人がやたらいっぱい出演し、誰も知らない新曲ばかり歌ったのに盛り上がった。みんな実力があったからだ。その時デビューした人たちがやがてニューミュージックの重鎮になっていく。そのステージに立った新人たちがシティポップを作った。そういうスタートラインを用意して解散した。川には最初の泉がある。湧き水があって、そこから川が始まる。偶然ではなく、はっぴいえんどの解散コンサートには新しい音楽の流れが仕組まれていた。

作詞家になるまで

はっぴいえんどが解散することになった時、ぼくは結婚したばかりで、娘が妻のおなかの中にいた。やばいことになったと思った。子どもができるのに無職はまずい。

とりあえず大学に戻って、傍らアルバムのプロデュースをした。日本の場合、音楽のプロデュースはアレンジャーが担当することが多いのだが、作詞家として、ことばからのアプローチでプロデュースをするのはぼくしかいないと思う。面白い仕事だったが、これは金にならなかった。

今のように音楽プロデュースが職業として確立されていなかったから、プロデューサーに報酬を支払うシステムがなかった。南佳孝の『摩天楼のヒロイン』、岡林信康の『金色のライオン』と『誰ぞこの子に愛の手を』、あがた森魚の『噫無情（レ・ミゼラブル）』の四枚でプロデュース業を辞めて、作詞家に専念することにした。ストリングスの大編成を組んで大きなスタジオを使ったり、ジャケットに凝ったり、『摩天楼のヒロイン』にお金を使い過ぎて、風都市もつぶれてしまった。大学は結局、卒業できなかった。

自信過剰はいつものことだが、作詞家としてやっていくことに関してはすごく自信があった。はっぴいえんどの三枚目のアルバムのレコーディングでロサンゼルスに行った帰りの飛行機のなかで、『ヤング・ギター』（新興音楽出版、現・シンコーミュージック・エンタテイメント）の編集長の山本隆士に「作詞家をやろうと思っているんだけれど、どう思う？」と相談した。「松本くん、そんなに甘いもんじゃないよ」と怒られた。でも、なんとなくノックしてみたら、中から招き入れられた、そんな感じだった。あっという間に二曲がヒットチャートに入った。

作詞家になりたいと伝えた三人のうち二人が、すぐに仕事をくれたのだ。ひとりは、はっぴいえんどのレコーディングエンジニアをやっていた吉野金次。はっぴいえんどと同時に沢田研二や天地真理のレコーディングを担当していて、彼がアグネス・チャンのアルバムの仕事を持ってきた。『ポケットいっぱいの秘密』（曲／穂口雄右、一九七四年発売）は、アルバムのなかの一曲として書いたものだったが、アグネスが所属していた渡辺プロダクションの渡邊晋さんが気に入ってくれて、シングルカットされた。

ひ・み・つ
ないしょにしてね　指きりしましょ
誰にも　いわないでね

ひみつ
ちいちゃな胸の　ポケットのなか
こぼれちゃいそうなの

あなた　草のうえ
ぐっすり眠ってた
寝顔　やさしくて
「好きよ」ってささやいたの

ひみつ
ないしょにしてね　指きりしましょ
誰にも　いわないでね
ひみつ
ちいちゃな胸の　ポケットのなか
こぼれちゃいそうなの

あなた　片目あけ
笑いだしちゃうの
ずるい　眠ったふり
わたしこまっちゃったな

ひみつ
ないしょにしてね　指きりしましょ
誰にも　いわないでね
ひみつ
ちいちゃな胸の　ポケットのなか
こぼれちゃいそうなの

わたし　草のうえ
かけるおもいきり

やだわ　どうしましょ
空に逃げちゃいたいな

ひ・み・つ
ないしょにしてね　指きりしましょ
誰にも　いわないでね
ひ・み・つ
ちいちゃな胸の　ポケットのなか
こぼれちゃいそうなの

ひ・み・つ
ないしょにしてね　指きりしましょ
誰にも　いわないでね
ひ・み・つ
ちいちゃな胸の　ポケットのなか

こぼれちゃいそうなの　　　（『ポケットいっぱいの秘密』）

この歌に仕組んだ、今で言う縦読みの「アグネス」は、当時、誰にも気付かれなかった。もうひとつの仕事はチューリップの『夏色のおもいで』（曲／財津和夫、一九七三年発売）だ。岡林信康のプロダクション・音楽舎の高木照元さんに話したことがきっかけで、彼の友だちの新田和長さん（東芝音楽工業、のちのＥＭＩミュージック・ジャパン）から依頼された。チューリップは、『心の旅』が大ヒットした後、財津和夫が壁にぶつかっているから、代わりに詞を書いてくれということだった。

きみをさらってゆく　風になりたいな
きみをさらってゆく　風になりたいよ

きみの眼を見てると
海を想い出すんだ
淡い青が溶けて

何故か悲しくなるんだ

夏はいつのまにか
翼をたたんだけど
ぼくたちのこの愛
誰にもぬすめはしない

きみをさらってゆく　風になりたいな
きみをさらってゆく　風になりたいよ

きみの眼の向こうに
青い海が見えるよ
すきとおった波が
そっと零れおちるんだ

涙ながすなんて
ねえきみらしくないよ
ぼくたちのこの愛
誰にも邪魔させないさ

きみをさらってゆく　風になりたいな
きみをさらってゆく　風になりたいよ

（『夏色のおもいで』）

その後、この『夏色のおもいで』を気に入ってくれた筒美京平さんと仕事をするようになり、作詞家として食べていけるようになった頃には娘が三歳になっていた。

ことばと文化

日本語のまま世界へ

京都に日本料理の修業に来ていたデンマーク人の女の子と話していたら、知っている日本語の歌があると言って『風をあつめて』（歌／はっぴいえんど、曲／細野晴臣、一九七一年発売）を歌ってくれた。彼女が日本語で歌っているのを見て、「日本語ロック論争」（後述）の五〇年越しの勝利を実感した。YouTube には、アメリカ、エクアドル、アルゼンチン、スペイン、タイなど、様々な国の人たちが、『風にあつめて』を日本語のまま歌っている動画が投稿されているし、YouTube 上のはっぴいえんどの音楽に英語はもとより各国語の感想があふれている。

ソフィア・コッポラが監督した映画『ロスト・イン・トランスレーション』[*2]（二〇〇三年）のエンディングテーマの候補は、他に五〜六曲あったそうだが、その中からソフィア自身が『風をあつめて』を選んだ。海外でも日本語のまま歌ってくれる人がいるのは、こ

＊2 『ロスト・イン・トランスレーション』 CM撮影のために来日したハリウッドの元大物俳優（ビル・マーレイ）と、カメラマンの夫の仕事に同行した大学を卒業したばかりのアメリカ人女性（スカーレット・ヨハンソン）の孤独と出会いを描いた東京が舞台の映画。二〇〇四年のアカデミー賞で作品賞、監督賞、主演男優賞、オリジナル脚本賞にノミネートされ、脚本賞を受賞した。

の映画の影響が大きい。

大学生の頃、当時好きだったドアーズやモビー・グレープの曲を細野さんと英語でカバーした。どちらも一九六〇年代後期に活動したアメリカ西海岸出身のサイケデリック・ロックのバンドだ。そういう感じで、ぼくらの音楽を海外で聴いて覚えて真似している学生がいることは面白いなと思う。

細野さんがニューヨークでライブに出た時、演奏が終わって楽屋口に行くと、そこに集まっている人たちが、少数の日本人も日本人じゃないほとんどの人たちも全員が日本語で、その日のセットリストになかった『風をあつめて』を歌っていたそうだ。嬉しかった。

この曲の元になった歌は『手紙』というタイトルのつまらない詞だった。それを細野さんに渡してフォークっぽい曲がついた。録音はしたけれど結局ボツにしたのだが、細野さんは、「風をあつめて」というフレーズが気に入っていた。その詞をずっと持っていて、『風街ろまん』を作る時、昨日、ジェイムス・テイラーを聴いていて閃《ひらめ》いたからと、その詞に新しい曲をつけてくれたのだ。そこから詞と曲を何度かキャッチボールして、最後は録音スタジオの廊下に彼がギターを持って立膝で座って、「松本、ちょっと聴いてくれるか」と。それが完成形だった。

聴かされたばかりのその曲は傑作で、録音しようということになったのだが、その時まで曲ができていなかったから、その日は大滝さんと茂には声をかけておらず、スタジオにいたのはふたりだけだった。ドラムは自分じゃできないからと、細野さんはぼくだけは呼んだのだそうだ。生ギターとドラムだけの録音になった。ものすごくやりにくかった。その音源に重ねて細野さんが自分でベースを入れて、間奏のオルガンも入れた。それがぼくの最高峰と言われている歌になった。二〇歳で作った。二〇歳で最高傑作を作ってしまうと、残りの人生たいへんです。

母国語でなければ伝わらないと思った

はっぴいえんどを始めた時、日本語でロックを歌うことが批判される動きもあったけれど、ぼくは意に介さなかった。自分が表現したいことを伝えるためには母国語がいちばんだと思ったし、母国語でなければ伝わらないと思った。ロックに日本語は乗らないことの理由が方法論の問題なら、いくらでもアイデアがあった。いくら英語でカッコいい歌詞を書いたとしても、それは他の国の人たちが使うことばで、自分の財産にはならない。一方通行な作業に思えた。

あの頃、放っておくと第一言語が英語になりそうな勢いだった。シンガポールは英語を選んで、自分たちの言語を放棄してしまった。日本もそうなるのではないかという危機感があった。当時は英語でロックをやりたい人がたくさんいた。その流れで歌謡曲が全部英語で歌われていたら、英語が日本の第一言語になってしまったかもしれない。ビジネスも英語で、小学校も英語で教えるべきとなったら、千数百年積み重ねてきた日本文化はあっという間に消えてしまうだろう。

中村とうようさんに呼ばれた場に大滝さんといっしょに出かけて行き、ぼくは内田裕也さんにそういうことを言った。「日本語ロック論争」と呼ばれている座談会だ。一九七一年。アルバム『はっぴいえんど』(通称「ゆでめん」)が『ニューミュージック・マガジン』主催の日本のロック賞に選ばれたことを承けての企画だった。

裕也さんは、「インターナショナルに成功するためにロックは英語でやるべき」と言っていた人で、ロックンロールのボスだった。その人に向かって二〇歳のぼくはそう主張をしたのだから、怖いもの知らずというか偉かったというか……。

その頃、日本語の歌詞が海外の人に受け入れられることまでは想像できなかったが、面白いものができる確信があった。『風をあつめて』は、売ろうという意図を持って誰かが世界的なマーケティングを仕掛けたということではなく、自然な流れで世界中に日本語のまま受け入れられた。

たとえば浮世絵は、江戸時代から海外に輸出され、歌川広重がゴッホに影響を与えたし、ドビュッシーも葛飾北斎の作品にインスパイアされて『海』を作った。ファッションデザイナーも指揮者も、イッセイミヤケも山本耀司も小澤征爾も佐渡裕も、海外で活躍する日本人はたくさんいるけれど、その表現に日本語は介在しないことがほとんどだ。音楽はいい伝達手段なのに、日本語の歌詞が壁になっていた。インターネットを通じて、海外でも日本語の歌が受け入れられる時代になった。『風をあつめて』は、日本語のまま海外で受け入れられる歌の先駆けになったと思う。

五〇年前の東京

浜松町の世界貿易センタービルが建ったばかりの一九七〇年頃、そのすぐそばに、近代的なビルに似合わない古い裏路地があった。そのイメージからあの詞が生まれた。あの時新しかったビルは、二〇二一年には解体が始まるそうだ。それだけ長い時間が経過しているのに、今も歌い継がれているのは嬉しいことだ。

歌を作った時には存在しなかった「海を渡る路面電車」は〈ゆりかもめ〉として実現し、高層ビルが立ち並ぶ今の東京は「摩天楼の衣擦れが舗道をひたす」のが見えるようだ。

街のはずれの
背のびした路次を　散歩してたら
汚点《しみ》だらけの　靄《もや》ごしに
起きぬけの露面電車が
海を渡るのが見えたんです
それで　ぼくも
風をあつめて　風をあつめて
蒼空を翔けたいんです
蒼空を

とても素敵な
味爽《あさあけ》どきを　通り抜けてたら

伽藍《がらん》とした　防波堤ごしに
緋色の帆を揚げた都市が
碇泊してるのが　見えたんです
それで　ぼくも
風をあつめて　風をあつめて
蒼空を翔けたいんです
蒼空を

人気のない
朝の珈琲屋で　暇をつぶしてたら
ひび割れた　玻璃《がらす》ごしに
摩天楼の衣擦れが
舗道をひたすのを見たんです
それで　ぼくも
風をあつめて　風をあつめて

蒼空を翔けたいんです
蒼空を　（『風をあつめて』）

風を感じるアンテナ

風は見えない。愛も命も優しさも、重要なものは見えない。重要であるほど目に見えない。水も重要だが、水は見える。だから風のほうが好きだ。見えないものは、存在しているのかどうかわからない。それが人間にとって重要なのだと思う。古今東西の哲学者も、愛とは何か、答えることができていない。

海も河も雨も好きだけれど、水は、見えているのが残念だ。

風も水も、変化することでその存在を感じることができる。風は動いているから風であって、止まってしまったら風ではない。動くことが人間にとって大事なのだと思う。風は、ある種の美意識であり、風を感じる心も美意識だ。感じるためにはテクニックが必要だし、そういう姿勢が重要だ。

「風に吹かれて」は受け身だけれど、「集める」ことはとても能動的だ。実際の生活はどろどろしているものだけれど、人は皆、もっとさっぱりしたところへ行きたいと思っているはずで、風はそこへ人を運んでくれる。

『風をあつめて』では、散歩の歌を作ろうと思った。田舎を散歩すれば、一〇〇人いたら一〇〇人が気持ちいいと思うだろうけど、都会だと、その景色のなかに吹く風を気持ちいいと感じる人は少ない。風を感じることができるのはひとつの才能だと思う。同じ景色を見ても何も思わない人、夕飯のことしか考えない人、明日の仕事のことしか考えない人もいる。

でも、一〇〇人のうち二、三人は風を感じることができる。その二、三人に、ぼくはなりたい。その二、三人に訴えかけている。今日の風は気持ちよかったよ、今日の夕陽はきれいだったよ、と伝えたい。そういうことをはっぴいえんどの最初からやってきたつもりだ。その瞬間には二、三人でも、年月が経つうちに累積してだんだん増えていく。今、五〇年経ったから、すごい人数になっている。

ぼくが生まれた東京の青山が特別なわけではなく、全国どこにでも風街はある。ぼくは今、神戸と京都を行ったり来たりして住んでいるが、両都市とも風街だと思っているし、いい風が吹く。

国境も関係なく、人種も分け隔てなく、誰もが風を感じることができるのに、風が吹こうが雨が降ろうが気付かない人がいる。この風が気持ちいいねと感じる、そういうアンテナをいつも心に立てていたいと思う。心が錆びると何も感じなくなる。そうなると老け込むのも早い。

堀辰雄を知っているか否かによって、「風」の意味が違ってくる。アンテナとはそういうことだ。堀辰雄は知らなくても、松田聖子の『風立ちぬ』(曲/大瀧詠一、一九八一年発売)なら知っているという人もいる。松田聖子の歌がきっかけで堀辰雄を知った人もいる。

風立ちぬ　今は秋
今日から私は心の旅人

涙顔見せたくなくて
すみれ・ひまわり・フリージア
高原のテラスで手紙
風のインクでしたためています
Sayonara sayonara sayonara……

振り向けば色づく草原
一人で生きてゆけそうね
首に巻く赤いバンダナ
もう泣くなよとあなたがくれた
Sayonara sayonara sayonara……

風立ちぬ　今は秋
帰りたい　帰れない　あなたの胸に
風立ちぬ　今は秋
今日から私は心の旅人

性格は明るいはずよ
すみれ・ひまわり・フリージア
心配はしないでほしい

別れはひとつの旅立ちだから
Sayonara sayonara sayonara……

草の葉にくちづけて
忘れたい　忘れない　あなたの笑顔
想い出に眼を伏せて
夏から秋への不思議な旅です

風立ちぬ　今は秋
帰りたい　帰れない　あなたの胸に
風立ちぬ　今は秋
今日から私は心の旅人
（『風立ちぬ』）

一九八〇年代を全力で疾走し、松田聖子のプロジェクトがいち段落した九〇年代に入る頃、世間がぼくの作品に飽きる前に思い切って休んでみようという気分になった。吐き出した分を取り戻すためにインプットが必要だと思った。それは、作詞家としてというよりも、人として不足している部分を補うためでもあった。

それまでは、世の中の最先端ばかりを追いかけていたけれど、古典を勉強しよう、脈々と受け継がれている確かなものを知ろう、と思った。

歌舞伎、能、オペラ、バレエなど、毎日のようにどこかの会場に足を運んだ。まだ、バブルの残り香が立ち込めていたその頃、ゲオルグ・ショルティのシカゴ交響楽団、ズービン・メータのイスラエル・フィルなど、クラシック界の大御所がどんどん来日していた。歌舞伎も先代の歌右衛門、勘三郎、團十郎、猿之助をはじめ本当に上手い人が活躍している時代で、そこに間に合ったことはラッキーだった。まるで夏目漱石の小説に出てくる明治時代の高等遊民のような生活だった。

このインプットがなければ、ぼくのアンテナも錆びついていたように思う。この時の経験が、のちのシューベルトの歌曲の日本語化や『幸魂奇魂』につながっていく。九〇年代前半の、この時期がなかったら、その後のぼくの活動はずいぶん違ったものになっていたはずだ。

京平さんのこと

「筒美京平さんを送る歌」

神戸のラジオ局でマイクに向かっていると、「京平先生が亡くなった……」と太田裕美からメールが入った。瞬間、涙の洪水になりそうな心を抑えて、平常心を保ちながらラジオを終わらせた。取り乱さなくて偉いでしょ、褒めてよと天国の京平さんに呟く。

初めて会った時、ぼくはプロデュースして完成したばかりの南佳孝のレコードを持って行ってかけた。

「趣味で音楽ができていいね」と言われた。嫌われたかなとあきらめていたら、その晩、電話でしばらくいっしょにやろうと言われた。

それから二、三年で『木綿のハンカチーフ』が大ヒットした。

京平さんはお洒落で、いつもエルメスのスーツを着こなしていた。でもある日、何か物足りないという。じゃポルシェでも運転すればいいよと、助言した。そしたら黄色いポルシェを買ってしまった。で、ふたりで夜中の新百合ヶ丘の空いた道を走り特訓した。まあ器用だからすぐ乗りこなせたのだが。

彼と仕事する時は、詞を書き上げて渡してしまえば、ぼくのノルマは終わり。いつも歌詞ピッタリにメロディはついていて、曲がつかずにもめることもなかった。詞さえ渡せば、最上の旋律がつき、アレンジされて歌を入れるだけだった。

最後に会ったのは、渋谷で太田裕美のライブを聴きにきた時だ。白川さんに支えられて、歩くのもたいへんそうだった。ライブの後、近くのイタリアンで食事した。

その後はぼくが電話しても裕美さんが誘っても、外に出て来なくなった。

その日のライブで裕美さんは『煉瓦荘』という歌を歌った。売れない詩人の話で、彼女はこれは私小説？ と聞いた。いや、と答えたがそうかもしれないと思った。その曲の入った『ELEGANCE』は長く続いた作家と歌手のチームの最後のアルバムで、マンネリを避けるために仕方のないことだった。

京平さんは「出会いがあれば別れもある」と言った。そのアルバム全体に京平さんの透明な悲しみのような愛があふれている。

その日以来、ぼくはなんとか会おうとしたが、電話で「もう松本君に会う元気はない」と。作詞家になった瞬間、目の前に筒美京平は立っていて、先輩と後輩であり、兄と弟であり、ピッチャーとキャッチャーであり、そして別れなければならない日が来ると、右半身と左半身に割かれるようだ。
ぼくが京平さんからもらったものはありったけの愛。彼ほどぼくのことばを愛してくれた人はいない。
ありがとう、京平さん。いつかぼくも音符の船に乗り、天の園に舞い上がる日が来る。少しの間、待ってて。そしたら笑顔で、喜んだり怒られたり哀しんだり楽しく語りあおう。

この文章は、二〇二〇年一〇月、京平さんの訃報に際して書いた追悼のことばだ。抜粋してSNSに発表し、全文は週刊文春に掲載された。

京平さんの仕事場は、玄関に住めるくらい立派なマンションだった

京平さんと初めて会ったのは、一九七三年の秋だった。架空の映画のサントラというコンセプトを考え、ほとんどの曲の作詞をして、ジャケットのディレクションもやった南佳孝のアルバム『摩天楼のヒロイン』を持って、国立競技場近くの京平さんの仕事場を訪ねた。豪華さにびっくりした。玄関に住めるくらい立派なマンションだった。リビングは三〇畳くらいあって何百万円もするオーディオセットが並んでいた。二四歳の若造は、「成功したらこんなところに住めるんだ」と思った。

CBS・ソニー(現ソニー・ミュージックエンタテインメント)のプロデューサー、酒井政利さんから「筒美京平さんが君に興味を持っているから、ちょっと会ってくれ」と声をかけられたのは、酒井さんが郷ひろみや山口百恵のヒットで、天皇と呼ばれていた時期だ。細野さんが評価していた『くれないホテル』の筒美さんだ、と思った。

細野さんは、普段歌謡曲を聴いたりしない人なのに、西田佐知子の『くれないホテル』のシングル盤を持っていて、「この曲を書いた筒美京平という人はすごく才能がある。日本にもこういう優秀な作曲家がいる」と言っていた。その筒美さんが声をかけてくれた。

自己紹介代わりに持参した『摩天楼のヒロイン』は自信作だった。それを、「売れそうもないね」と軽くいなされた。「趣味で音楽ができていいね」ということばは、嫌みが九割、一割くらいは嫉妬も入っていたかもしれない。嫌われたと思った。

ところが、その晩「半年くらいは集中して君とやりたい」と電話がかかってきた。半年どころか二〇年にわたっていっしょに仕事をすることになるのだが、ちょっと話をしただけなのに、それで自分の仕事を決めてしまうのだと、ぼくは唖然とした。期待されているのだから、一生懸命やろうと思った。

次に、ホテルオークラのコーヒーハウスでふたりだけで会った時、話題に困り「『くれないホテル』はいい曲ですね」と言ったら、「あの売れなかった曲ね」と、一言で切り返された。褒められたら喜べばいいのに、京平さんはそういう人だった。京平さんにとって、売れることが価値観の第一義だったから、ぼくはどういう詞を書けばいいのだろうと考え込んでしまった。

どうして、京平さんはぼくを選んだのだろう。

ずいぶん後になってから知ったのだが、大滝詠一が好きだったフィル・スペクター[*3]やエリー・グレニッチ[*4]を、京平さんも好きで研究していたらしい。そう思って聴くと弘田三枝子の『渚のうわさ』（一九六七年）は大滝のナイアガラ・サウンドに通じる。そういう匂いをぼくに感じてくれたのだろうか。

大滝詠一と筒美京平の音楽のルーツが同じだということをもっと前に知っていれば、ぼくももっといろいろなことができたかもしれない。

ヒットが出るまで三年かかった

ぼくは、売れていなくても、売れていても売れていなくても、自分が面白いと思った仕事は請けるのだが、筒美京平という作曲家は、他人が売ったものにはあまり興味を示さなかった。売れていないものを売るほうが面白かったのだと思う。山口百恵や松田聖子に曲を提供していないのは、おそらくそのせいだ。

そういう京平さんの気質が影響していたのかもしれない。ぼくと京平さんのコンビはなかなかヒットが出なかった。太田裕美の『木綿のハンカチーフ』まで待つことになるのだが、その間もずっと期待し続けてくれた。感謝している。

アルフィーのデビュー曲『夏しぐれ』(曲/筒美京平、一九七四年発売)もセールス的には

＊3　フィル・スペクター　音楽プロデューサー。プロデュース作にザ・ロネッツ『ビー・マイ・ベイビー』、ザ・ビートルズ『レット・イット・ビー』、ジョン・レノン『イマジン』など。

＊4　エリー・グレニッチ　歌手、ソングライター、プロデューサー。代表作『ビー・マイ・ベイビー』『ハンキー・パンキー』『愛のチャペル』など。松本が中学生の頃コピーしていたデイヴ・クラーク・ファイブにも曲を提供。

いまひとつだったのだが、一九九〇年代に入ってから本人たちが笑い話にしてライブで歌うようになった。

君の置き手紙　また読みかえし
ふと見る外の雨
さよならしるして　ふるえた文字が
何故だかせつなくて
涙滲んだ文字が読みとれない
ぼくはくちびる噛んで
ひとり耐える
ああ

白い便箋に　淋しいきみの
横顔　眼に浮かぶ
きみの哀しい気持ち

つたえるように
乱れ髪のような雨　胸にしみる
ああ

雷鳴《かみなり》が響けば
ふるえてすがる
あどけないきみだった
春夏秋冬と　暮した日々の
想い出がかけめぐる　ララ…

涙滲んだ文字が読みとれない
ぼくはくちびる噛んで
ひとり耐える
きみの哀しい気持ち
つたえるように

乱れ髪のような雨　胸にしみる
乱れ髪のような雨　胸にしみる

（『夏しぐれ』）

『木綿のハンカチーフ』余話

京平さんと仕事をするようになって間もない頃のことだが、ザ・スリー・ディグリーズの日本限定企画のプロデュースを頼まれた。作曲／細野晴臣、編曲／矢野誠、演奏／ティン・パン・アレーでフィラデルフィア・ソウルに仕上げた曲が『ミッドナイト・トレイン』だ（詳細については後述）。

この企画はふたつのチームが同時に進行していて、京平さんは、安井かずみの作詞で『にがい涙』を作った。二チームが目黒のスタジオの一階と二階に分かれて同時に録音作業をしていた時、ぼくらは一階で、二階には京平さんがいて、そこにCBS・ソニーの白川隆三がディレクションで入っていた。その白川さんがふらっとぼくのスタジオに来て、「松本くん、今度、新人やらないか」と言った。「新人を一から育てよう」と。「いいですよ」と答えたのだが、それが太田裕美だった。声も知らないし、写真も見ていない。白川さんはずいぶん親しそうに話しかけてきたが、その時が初対面だった。京平さんが、白川さんにぼくを推薦したのだと、かなり経ってから聞いた。

小坂明子の『あなた』のように、ピアノの弾き語りでやりたいということで、最初はそれまでの筒美流に従って、曲が先行で『雨だれ』と『夕焼け』を作った。白川さんは詞に細かく、枝葉末節をつついてくる。『心が風邪をひいた日』という三枚目のアルバムの制作に入る前に、ぼくは「シングル盤の詞の直しは理解できるからやるけど、アルバムは自由に作らせてほしい」と頼んだ。白川さんは「わかった」と言ってくれた。「アルバムはきみの好きなようにやればいい」と。

太田裕美のアルバムは全部コンセプトアルバムで、当時、歌謡曲でそういうアルバムを出している人はいなかった。シングルで出した曲がたまったから、もう少し足してアルバムを出そうという作り方がほとんどだった。

『木綿のハンカチーフ』は、アルバム用に自由に作らせてもらったうちのひとつだ。京平さんは、こんな長い詞に曲は付けられないと白川さんに指令を出そうとしたのだが、携帯電話のなかった時代、白川さんは原宿のペニー・レインで飲んだくれていて真夜中になっても捕まらなかったのだそうだ。仕方なく曲を付けてみたらすごくいいのができたと、夜が明けた頃には上機嫌だったらしい。

アルバムは萩田光雄さんのアレンジだったが、シングルカットが決まり、京平さんがアレンジを加えた。

発売された時、ぼくはヨーロッパに旅行に行っていた。ジェノヴァに行って、ニースからローマまで海岸線をドライブして、エジプトに行って、南回りの飛行機で帰ってきた。空港にマネージャーが迎えに来ていて、「松本さん、『木綿のハンカチーフ』が大ヒットしてます」と言う。知らなかった。今だったらいろいろな通信手段があるけれど、一切音信不通になっていたから。

ぼくと京平さんの仕事に一発屋はいない

いつでも、大ヒットの次も、それをキープしようと思って仕事をしていた。ぼくが他の人より優っていたとしたら、そこだと思う。一発のヒットで終わる人は多いけれど、ぼくと京平さんはキープできる。それは才能であり、プロフェッショナルな部分だ。まぐれ当たりはよくあること、だがキープすることが難しい。

いちばん難しかったのはC-C-Bだ。中山美穂の女優デビュー作だったTBSのドラマ『毎度おさわがせします』の主題歌を急遽、C-C-Bが歌うことになった。京平さんは、C‐C‐Bのプロデューサーだった渡辺忠孝さんから作曲を頼まれた。渡辺さんは京平さんの実弟だ。ぼくが作詞することを条件に、京平さんはこの仕事を請けたのだそうだ。

長いキスの途中で　(Fu-Fu　さりげなく)
首飾りを外した　(Fu-Fu　指さきで)
友だちの　領域《エリア》からはみだした
君の青い　ハイヒール

誰か　Romantic　止めて　Romantic
胸が胸が苦しくなる
　惑う瞳に甘く　溺れて
Hold me tight　せつなさは
止まらない

壁のラジオ　絞って　(Fu-Fu　しどけなく)
遊びなのと　聞いたね　(Fu-Fu　ささやいて)
言葉では　答えない　抱いた手に
力こめる　Tonight

誰か　Romantic　止めて　Romantic
息が息が燃えるようさ

同じ孤独を　抱いて生きたね
今夜一人では　眠れない

誰か　Romantic　止めて　Romantic
胸が胸が苦しくなる

走る涙に　背中押されて

Hold me tight　せつなさは
止まらない　（『Romanticが止まらない』）

『Romanticが止まらない』（曲／筒美京平、一九八五年発売）は大ヒットしたが、二曲目の『スクール・ガール』は順位を下げた。一〇人が一〇人とも一発屋だと断言し、本人たちも同じことを言われていたようだった。京平さんと絶対に次は当てようと頑張った。
ぼくが考えたタイトルが『Lucky Chanceをもう一度』（曲／筒美京平、一九八五年発売）。冗談みたいな曲名だ。彼らはこれを紅白歌合戦で歌った。京平さんの指名で『Romanticが止まらない』からボーカルを担当したドラムの笠浩二は、京平さんからプレゼントされたネクタイを締めて紅白歌合戦に出演した。

Pink の薔薇の束を背中に隠しながら
君の Room を Knock したよ
甘い時間が流れ　あとひと息で Kissに
たどり着く Chance に電話の Bell

どうせRival「あいつはNo No No」
Date の誘い「二枚目禁止」

燃える瞳　読みあったね
君も同じ気持ちさ
あとは何かきっかけさえ
つかまえれば　Make-Me-Love-Yeah

ついてないどうすりゃいいのさLady
幸運を祈るよ　最後のLucky

渚に車停めてギターで弾くよLove Song
Mood 満点の空から雨
助手席の君の顔　もう一息でKnock Down

ささやきの途中　邪魔な Voice
野暮な Policeman「君たち No No No」
にらみつけてる「恋愛禁止」

君が欲しい　そして君も
ぼくの心欲しいね
あとは二人ほんの少し
勇気だせば Make-Me-Love-Yeah

ついてないどうすりゃいいのさ Lady
幸運を祈るよ最後の Lucky

君が欲しい　そして君も
ぼくの心欲しいね

あとは二人ほんの少し
勇気だせばMake-Me-Love-Yeah

ついてないどうすりゃいいのさLady
幸運を祈るよ最後のLucky

ついてないどうすりゃいいのさLady
幸運を祈るよ最後のLucky

(『Lucky Chanceをもう一度』)

C-C-Bの五人と初めて会ったのは六本木の喫茶店だった。赤や青のカラフルな髪の色にびっくりして引き返そうとしたほどだったけれど、話してみると彼らは見かけとは違って礼儀正しくて健康的で、熱意にあふれていた。応援してあげたいと思った。C-C-Bには、解散するまでたくさんの詞を書いている。

ギター・ボーカルの関口誠人は、ぼくの初の小説を原作にして自ら監督した映画『微熱少年』にも出演してもらった。関口くんはC-C-Bを脱退したばかりの頃で、映画館では登場シーンで関口ファンの女の子たちの歓声が上がったそうだ。中森明菜が歌った『二人静―「天河伝説殺人事件」より』（一九九一年発売）を作曲したのは彼で、松田聖子のライバルと目されていた中森明菜に詞を書くきっかけを作ってくれた。

「きっと、愛しすぎたから…」

散り急ぐ花びらを時間《とき》の背中に
サヨナラと並べてる指がいじらしいね
殺《あや》めたいくらい愛しすぎたから…
添い寝して　永遠に抱いていてあげる
いい夢を見なさいな　うたかたの夢を
夜桜がさわぐ

幸薄い蜉蝣《かげろう》の衣を脱ぐように
凜とした生き方の自分を見せたくて

焦がれそうなほど哀しすぎたから…

添い寝して　三日月を枕に眠れば
魂は蘇って火の鳥に変わる
天の川キラリ

殺めたいくらい愛しすぎたから…

添い寝して　運命に寄り添ってあげる
冷えきった掌を胸に押しあてて
あたためて

添い寝して　永遠に抱いていてあげる
いい夢を見なさいな　うたかたの夢を
夜桜がさわぐ
（『二人静―「天河伝説殺人事件」より』）

京平さんは、C－C－Bについて「日本人が歌って日本人が演奏するロックバンドを作った」と言っていた。そのことばは、彼らの励みになっていたはずだ。

内側から歌謡曲を壊したい

京平さんとは九歳、年が違う。キャリアは年の差ほどはないのだが、京平さんはすでに『ブルー・ライト・ヨコハマ』や『また逢う日まで』といったビッグヒットを持っている大御所だった。だけど、それに甘んじることはない人で、天才的な勘で時代の変化を感じて、それに順応しようとしていた。そこに、松本隆が必要だと思ってくれたようだった。

BSフジが二〇〇五年に制作した『HIT SONG MAKERS ～栄光のJ－POP伝説～』という音楽番組があり、京平さんの追悼として二〇二〇年に再放送された。それを観て初めて知ったのだが、マスコミの取材に応じることがほとんどなかった京平さんが「歌謡曲とニューミュージックの間で、孤軍奮闘する時にいちばん役立ってくれたのは松本隆」と言ってくれている。そんな話は直接聞いたことがなかった。

『木綿のハンカチーフ』の発売は一九七五年一二月。一九七六年の年間チャートを見ると、一位は『およげ！たいやきくん』（歌／子門真人）、三位の『北の宿から』（歌／都はるみ）と五位の『岸壁の母』（歌／二葉百合子）に挟まれて、『木綿のハンカチーフ』は四位だった。

筒美京平は、それまで歌謡曲の枠組みの中でやっていたわけだけれど、面白くなかったのだと思う。それで、ぼくを引き込んだ。この人とだったら変えられると思ってくれたのではないか。

すぐにヒットが出なかっただけでなく、最初からふたりのコンビが順調だったわけではない。

ぼくは歌謡曲の外から単身赴任してきて、内側から歌謡曲を壊したいと思っていた。四畳半フォークみたいに青臭くはなく、作り事のような歌謡曲とも違う、その中間の巨大なシェアにまだ誰も目をつけていない。京平さんにそういうことを話してみたが、興味がないみたいだった。

メインストリームにいる京平さんとサブカルチャーから来たぼくとの衝突だった。

はっぴいえんどの方法論は、一〇万ずつ一〇年かけて売っても同じじゃないか、というやり方だ。一〇年間売れ続けたらそれは必ず歴史に残るからそのほうが意味がある。一〇〇万売っても三日でみんなが忘れる楽曲も多い。京平さんは、シングルを一〇〇万売りたい人だった。ぼくは、アルバムのほうが効率がいいと思っていた。

シングルの売り上げは計算できない。曲の良し悪しだけではなく、運が味方してくれないとミリオンには届かない。アルバムのミリオンは計算できる。内容がよくてキャッチーなものを作ればいい。アルバムに一〇曲入っていて、それが一〇〇万枚売れたら、一〇曲ミリオンが出るということだ。

それに気付いて、アルバムを売りたいとぼくは思った。これは過酷な戦いだった。異なる価値観のぶつかり合いだったから。『木綿のハンカチーフ』から、ようやくぼくのことばを聞いてもらえるようになった。

筒美京平は、日本土着の歌謡曲と洋楽ポップスの接点を探し、それを埋めて新しいジャンルを作った人だ。「新しい歌謡曲」というジャンルを。日本語をロックにのせる歌詞を書くことで、ぼくもジャンルを作った。

英語で歌詞を書く

全米ナンバーワンをプロデュース

ザ・スリー・ディグリーズのプロデュースを頼まれたのは一九七四年、はっぴいえんどが解散して間もない頃だった。『ソウル・トレインのテーマ』（一九七四年）、『天使のささやき』（一九七四年日本盤）が続けて大ヒットしていた全米ナンバーワンのアーティストに、日本独自の曲を制作するという企画もさることながら、弱冠二四歳の若者にそれをプロデュースさせるという不釣り合いなことを平気でやってしまうような時代だった。

歌詞は英語にしてほしいというオーダーで、深く考えたわけではないつまらない詞だったと思う。全然自信はなくて、とりあえず仮の案のつもりで作ったものを英語が堪能な知人に見てもらったところ、そのままでいいと言う。

タイトルは『ミッドナイト・トレイン』。細野さんに曲を作ってもらい、ザ・スリー・ディグリーズのメンバーが宿泊している東京タワー近くの東京プリンスホテルに会いに行った。

ツインベッドの狭い部屋の、片方のベッドに三人が並んで座っていて、ホテルのテレビを見ながら、アメリカの西部劇が日本語に吹き替えられているのをずいぶん面白がっていた様子を覚えている。もうひとつのベッドにぼくとディレクターとふたりが座って、三人がぼくの作った英語の詞を歌うのだが、とくに何も言われずかえってひやひやした。この曲は、矢野誠の編曲、演奏はティン・パン・アレーで録音したが、あまり売れなかった。

この時同時に進行していた京平さんのチームの、作詞／安井かずみ、編曲／深町純の『にがい涙』は、日本語の歌詞の普通のいわゆる歌謡曲調で、日本ではヒットしたし、その後山本リンダやピンク・レディーがカバーしているので覚えている人も多いと思う。フィラデルフィアサウンドが歌謡曲に負けるのだなと、ひとつ勉強になった。

後日談がある。ザ・スリー・ディグリーズは、帰国してから本場のスタジオミュージシャン、MFSB（Mother Father Sister Brother の略）で、『ミッドナイト・トレイン』を録音し直し、アメリカでも発売している。MFSBはフィラデルフィアの音楽集団で、日本でもヒットした『ソウル・トレインのテーマ』もこのグループが演奏している。メンバーを変えながら現在も活動しているザ・スリー・ディグリーズが二〇一五年に発売したベストアルバムにも『ミッドナイト・トレイン』は入っているし、世界配信もされている。

Gonna take a mid-night train
Just me alone
I'm a heart-break girl
Do do do do do do ......

Gonna take a mid-night train
Just me alone
I'm a heart-break girl
Do do do do do do ......

Gotta pair of one-way tickets
One is mine
Doncha know the other one yours
'Cause I ain't got no use

I've been waiting so long here
'till the last train
Just left the station
I've tried and tried to call you
There's no reply
And I missed you so

Can't you hear the whistle of love train
It's the cry of my lost love

Gotta pieces of broken love in my suitcase
That's all I've got
Now I know breakin' up is hard for me
'Cause I ain't got no hope

（『ミッドナイト・トレイン』）

川端康成はノーベル文学賞の受賞が決まった時、「英語に翻訳された作品を審査されたのであって、日本語で審査されていない。辞退するのが本当かもしれない」と述べたという。「(自分の文学は)日本語でしか表現できないし、それは西洋人にはわかりにくい」「自分の性質に深く発するものが環境とぶつかって音を立てたものがことばである」と、川端は言っている。

英語で歌詞を書くことは、母語である日本語を使って作る歌詞とは別の思考回路を使う。ぼくは英語は不得意だし、英語で詞を書くことも不本意だった。この詞に関して言えば、韻も踏んでいないし、内容も薄い仕上がりでしかなかった。英語圏で生活したら英語の語彙も増えていくだろうが、ぼくの英語力の限界が、詞の世界の限界点になる。日本語で詞を作ることにこだわったのは、そういう意味でもある。

人生はリズム

ぼくはドラマーだからリズムには強い

サッカーの試合を観ていて気付いたことがある。リズムがいいほうが勝つ。試合のリズムが悪いと、強いチームであっても負ける。戦術はあまり関係ないと思う。レアル・マドリードもマンチェスター・ユナイテッドも、強いチームはリズムがいい。バランスが崩れるとリズムが悪くなる。バランスがよくないとリズムがダメになる。あらゆることに、それはつながる。

たとえば、スキーも、頭がブレたらいけない。上手な人を見ていると、身体は斜めになっても頭が固定されている。能も日本舞踊も、バレエや社交ダンスも、名人級は頭が上下にも左右にもぶれない。あらゆるスポーツ、ダンスにそれが言える。

歩き方ひとつでも、上半身がぐらぐらしている人は生き方もぐらついている。身体があって、心の状態になる。バラバラじゃない。身体のバランスと心のバランスは相関している。

日本人はリズムに弱いというのは間違った定説だ。ぼくがドラムを叩いていた七〇年代の頃、南米やアフリカ系のミュージシャンが叩くリズムは複雑で日本人はそれにかなわないと言われていた。

日本人は頭打ちしかできない、裏打ちが苦手とよく言われる。それも嘘だ。日本人は複雑なリズムで生きている。阿波踊りや青森のねぶたの跳人《はねと》のリズムはシャッフルだ。ビートルズの『エイト・デイズ・ア・ウィーク』と同じリズム。能の鼓や、浄土宗のお経の木魚のリズムは裏打ちだ。

リズムや旋律にことばを乗せる

ぼくは、出来上がっているリズムや旋律にことばを乗せるのは得意だ。それはドラムの経験が生きているからだと思う。

松田聖子の『抱いて…』（曲／デヴィッド・フォスター、一九八八年発売）は、シカゴの『素直になれなくて』やマイケル・ジャクソンの『アース・ソング』を手がけたデヴィッド・フォスターがプロデュースした作品だ。この歌は先に曲を書いてもらっている。西海岸の筒美京平とも言うべきデヴィッドは、アメリカ人の作詞家は曲が先では詞を作れないと心配したが、ぼくは慣れているから必ずぴったりの詞をはめるので安心してくださいと伝えた。

何度も別れを　心に決めても

あなたの顔を見るたび
How can I stop loving you

誰かの電話を　あわてて切るのね
私はくちびる噛んで　哀しく微笑う
How can I stop loving you

Hold me　嵐の夜はベッドで抱いていてね
Hold me　心が風に吹かれて飛ばされぬように
抱いて　抱いていて

知らない都会で　生きてる夢見た
目覚めてあなたを探すの　月の光に
How can I stop loving you

Hold me　あなたに秘密にしてたニュースがある
Hold me　私の奥に芽生えた命を祝って
抱いて　抱いていて

Hold me　嵐の夜はベッドで抱いていてね
Hold me　心が風に吹かれて飛ばされぬように
抱いて　抱いていて
抱いて　抱いていて
抱いて　抱いていて
（『抱いて…』）

大滝詠一はぼくの最高傑作を、大滝さん自身がプロデュースした『イエロー・サブマリン音頭』（歌／金沢明子、曲・詞／ジョン・レノン、ポール・マッカートニー、一九八二年）だと言った。

この曲については、ビートルズファンの間でも賛否両論あった。ビートルズの楽曲の替え歌や訳詞は認められていないのだが、金沢明子の歌唱を聴いたポール・マッカートニーが歌詞の変更を伴ったカバーを許可してくれた。

ポールはこの曲をずいぶん気に入ってくれたようだ。二〇一三年の日本公演では、開演前に会場に流れるDJミックスで『イエロー・サブマリン音頭』が流れた。

第三章　詞の作り方

毎回白紙に戻すことが大事

コツに頼らない

ぼくが作詞を始めたのは、細野さんに「お前が詞を書け」と言われたからだ。どう書けばいいか尋ねると、細野さんが「ポール・サイモンみたいなのを作ればいい」と言う。そこで、『サウンド・オブ・サイレンス』の英詞を、辞書をめくりながら和訳することになった。大学生の頃で、クラスでいちばん英語の成績のいい女の子に意味を訊いたりした。とにかく難解な詞だった。もしポール・サイモンがいなかったら、今の松本は存在しない。

詞を書く時には、「コツで書かない」ということをモットーにしている。スタイルに寄りかかってもいけない。作詞のHOW TOを紹介している書籍も出版されているが、そういうコツや方法論を外していかないとダメなんじゃないかというのがぼくのポリシーだ。

したがって、自分のなかで詞の書き方を体系化することはない。すると、書き方を忘れてしまうことがある。何度も何度もそういう事態に陥るので、その度に過剰だったはずの自信を喪失してしまうのだが、もの作りにおいて、それがいちばん正しいやり方だ。コツに頼らないこと、いつも白紙に戻すことが、大事だと思っている。

これは、禅の考え方だ。鈴木大拙の『禅と日本文化』（岩波新書）にあるように、「真理がどんなものであろうと、身をもって体験することが禅の鍛錬法であり、知的作用や体系的な学説に訴えぬこと」に通じる。なるべく心の中を空っぽにするということ。老子も同じことを言っている。ぼくは、具体的な方法論を訓《おし》える孔子よりも、「自分で考えなさい」と説く老子が好きだ。

お洒落で機能的な家具が設《しつら》えてある部屋に入るよりも、空っぽの、何もない部屋に入ったほうがいい。何もないところから、自分の部屋を作っていくことが大切なのだ。

作詞家として独り立ちして一〇年くらい経った頃、こうやったら売れるということがわかってしまった。コツがわかった。でも、それに頼ると二流になってしまう。

コツは捨てたが、決めていることはいくつかある

歌謡曲の作詞をするようになって、難しい比喩をやめることにした。ある一定の教養がないと理解できないのではつまらないと感じたからだ。そこにはビートルズの影響が強くあると思う。彼らが革新的だった点は、双方向なムーブメントを起こしたというところに尽きる。

芸術において最もエキサイティングなのは、大衆からのパワーを受け取ってまた投げ返す、そのやり取りだ。知識がないとわからない現代詩のようなことばは邪魔になる。難しい比喩表現を使わずに人を感動させることができたなら、はっぴいえんどとは違うステージを手に入れられると思った。

難解なことばは使わないようにしたが、テーマは変わっていない。その時代の人たちが見失っているもの、今足りないものを書きたいと思っている。

別の言い方をすれば、日常のひび割れがいちばん大事だということだ。ひび割れの向こうに何かが見える。ユートピアが見えたり、ディストピアが見えたり。天国も地獄もある。何が見えるかわからないけれど、そのひび割れが詞だし、ロックだと思う。スネアの音が詞なのだ。ぼくが叩くとはっぴいえんどで、林立夫が叩くとティン・パン・アレー、高橋幸宏が叩けばYMO。全部細野さんの音なのに。

女性アイドルの歌詞でも根っこは同じで、語尾が少し違うくらいだ。直截的なことばを使わずにディティールを積み上げて感情を表現することは意識している。

『メイン・テーマ』(歌/薬師丸ひろ子、曲/南佳孝、一九八四年発売)は、角川映画の主題歌として依頼された。「愛」なんて単語はほとんど死語になっているという感覚が出発点で、だからせめて歌の中だけでも「愛」を語る必要があるのだろうが、あえてクエスチョンマークを投げ込んでみようというのがメイン・テーマだった。

「愛ってよくわからない」と言い切ってしまうラブソングも例がないと思う。

時は忍び足で　心を横切るの
もう話す言葉も浮かばない

あっけない Kiss のあと
ヘッド・ライト点して
蝶のように跳ねる波を見た

好きと言わない　あなたのことを
息を殺しながら考えてた

愛ってよくわからないけど
傷つく感じが　素敵

笑っちゃう　涙の止め方も知らない
20年も生きて来たのにね

深入りするなよと
ため息の壁なら
思いきり両手で突き破る

煙草をつけようと
マッチをするたびに
意地悪して　炎吹き消すわ
ドアを開いて
独り　海へ

あなた車で　背中を見ていて
愛って　よくわからないけど
深呼吸　不思議な気分

わかってる　昨日の賢い私より
少しだけ綺麗になったこと

笑っちゃう　涙の止め方も知らない
20年も生きて来たのにね
生きて来たのにね
（『メイン・テーマ』）

使わないことば、使いたくないことば

否定形と人称代名詞は、使わないよう気を付けている。

「会えない」「行かない」「来ない」「忘れない」。否定形を使うと書きやすいし、お洒落な

雰囲気も出る。否定形を多用するヒットメーカーもいるけれど、それを反面教師にしようと思った。否定形を使わないのは難しい。肯定しながら陰影を出すのは難しいのだ。ポジティブに影を表現するということ。一〇〇%使わないわけにはいかないが、使わなくてはならない最小限度に絞る。

小坂忠に書いた『しらけちまうぜ』（曲／細野晴臣、一九七五年発売）が、『スニーカーぶる～す』や『硝子の少年』以前に失恋をポジティブに表現できた最初だと思う。ジャニーズ喜多川さんが気に入ってくれてジュニアに入る子の課題曲にしてくれたから、ジャニーはみんな歌えたらしい。ジャニーさんのオーダーで失恋をテーマにした曲をいくつも書いているが、それもこの曲が原点になっているのだと思う。クレイジーケンバンドの横山剣や小沢健二もカバーしてくれた。

小粋に別れよう　さよならベイビイ
振り向かないで
彼氏が待ってるぜ　行きなよベイビイ
早く消えろよ

涙は苦手だよ　泣いたらもとのもくあみ
しらけちまうぜ
いつでも傷だらけ　愛だの恋は今さら
しらけちまうぜ

そんなに切なく見るなよベイビイ
情がうつるよ
センチは似合わない　泣きべそベイビイ
甘えちゃだめさ
ひとりは慣れてるさ　なぐさめなんかいるかよ
しらけちまうぜ

いつでも微笑みをありがとうベイビイ
倖せだった
僕らは肩すくめ帰るさベイビイ

口笛吹いて
涙は苦手だよ　泣いたらもとのもくあみ
しらけちまうぜ
（『しらけちまうぜ』）

人称代名詞も、言わないで済むのならなるべく使わないほうがきれいな日本語になる。「あなたの」と言うと、音符を四つも使う。貴重な音符を使うのだから、その四つで別なことを言いたい。詞に無駄なことばを使わないのは西洋も東洋もいっしょだが、究極は俳句だろう。松尾芭蕉を超えた詩人は未だいないと思う。芭蕉から学んだことばのテクニックはたくさんある。

詞が先か、曲が先か

詞が先にあって歌ができるのですか、それとも曲が先ですか、という質問を受けることがある。ぼくは両方である。はっぴいえんどはほとんど詞が先で、詞を書くのに苦労した記憶はない。作曲の担当者が、曲作りに苦労したこともそれほどなかったはずだ。ぼくの詞にメロディをつけるということに関しては、みんな才能の塊のような人たちだった。細野さんも大滝さんも、松本の詞は曲をつけやすいとよく言っていた。イメージが広がるから先に詞をくれと言われた。

はっぴいえんど解散後の大滝さんは、自分で歌うものに関しては曲が先だった。そうじゃないと、松本色が強く出過ぎるから、と。バンドの解散の遠因はそこにあると思っている。ぼくが書く詞が強くなり過ぎた。大滝さんの曲で松田聖子や森進一に提供した歌は詞が先で、そのほうが世界が膨らむと言っていた。

京平さんは、最初は曲が先だったが、『木綿のハンカチーフ』以降は詞先と交互になった。お互い仕上げた曲と詞を交換して次の作品を作れば効率がいい。京平さんはそれができる人だった。

ことばのリズムを取るうえでも、ドラムの経験は有利に働いている。歌として完成した形まで見通して詞を作ることができる。音楽に対する知識があるかないか。とくにリズムがわかっていて書いた詞は、作曲も編曲もやりやすいはずだ。リズムは完全にぼくのからだに入っている。考えなくていい。ぼくが書くと自然に音韻が整う。メロディといっしょにことばが跳ねる。跳ねることばには快感があるし、記憶にも残りやすい。そこは他の作詞家よりも有利な部分だと思う。

扉の向こうに詞の宇宙がある

歌謡曲の作詞をするようになってからも、作曲家はそんなにたくさん組んでいない。はっぴいえんどの三人と、南佳孝とユーミンと筒美京平さん、財津和夫。みんな分かりあっているメンバーで、みんなサウンドを持っている人たちで、みんな詞を欲しがる。詞を書く前からメロディもサウンドも浮かんでくる。京平さんだったらこういうサウンドで来るだろうな、というのを読んで、裏をかくのが楽しい。

ぼくにとっては、詞を先に作るほうが難しいのだが、それは、扉があってなかなか開かない感じに似ているかもしれない。開いて入ったら別の宇宙がある。しばらくそこにいて、出てきたら詞が完成している。

バブルな時代、作詞のためにホテルのスイートを取ってもらったことがあった。詞を作る間、ディレクターがいっしょの部屋にいたのだが、ぼくは全然動かなかったらしい。自分が何をしていたのか、自分ではわからない。ぼくの様子をずっと見ていたそのディレクターが「ペンを持って突然書き出したらあっという間にできていますね」と言っていた。頭のなかで並べたことばを記録しているということなのだと思う。

はっぴいえんどのときは、詞を大学ノートに横書きで書いていた。作詞家になったら、松本隆と名前が入った原稿用紙を渡されて、それに縦に書けと言われた。録音スタジオに行くと、阿久悠さんの詞の直筆の原稿用紙が壁に貼ってあったりするのだが、ぼくはなんだか縦に書くのは恥ずかしかった。原稿用紙を横にして、横書きに使った。

そのうち書くときに手が震えるようになった。書痙《しょけい》という症状で、緊張が指先に行くと震える。速記者や書記といった字を書く仕事の人に多い職業病みたいなものだ。その頃、ちょうどワープロが出て、使い方を覚えて、プリントした詞に、サインした表紙を付けて渡すようになった。印字された詞じゃいやだと、太田裕美には怒られた。今まで直筆の詞を全部大事に取っておいたのに、これからは印刷された詞なのかって。

縦書きにするとニュアンスが違ってくる。ぼくより前の人たちは縦に書いていたけれど、ぼくから後の作詞家はみんな横に書くようになった。

詞はライフスタイル

詞は胸を開けて心の中身を見せるようなものだから、詞を書くのはとても恥ずかしいという気持ちがずっとあった。だからと言って、自分を全部見せるわけではない。一〇〇パーセントの想像では歌詞にならないのだが、九八パーセントのウソに二パーセントのほんとが振りかけてあるくらいがちょうどいい。それが逆になると、日記を読まされているみたいで、聴くのがつらくなる。現実って、たいていつまらないから、歌のなかでくらい、みんなにいい思いをさせてあげたいと思って書いていた。

はっぴいえんどの松本隆と松田聖子の松本隆は別だという先入観が、とくにはっぴいえんどのファンにはあるみたいなのだが、それは間違いだと断言しよう。作詞活動三〇周年記念で出したCD-BOX『風街図鑑』（一九九九年発売）がそれを証明している。はっぴいえんどの次に松田聖子の曲を並べても全く違和感はない。

大滝さんから、大滝詠一も松田聖子も同じなのかと責められたことがあった。『君は天然色』（曲／大滝詠一、一九八一年発売）と『白いパラソル』（曲／財津和夫、一九八一年発売）の、どちらの歌詞にもディンギーが出てくるのが気に入らなかったようだ。

くちびるつんと尖らせて
何かたくらむ表情は
別れの気配を
ポケットに匿していたから

机の端のポラロイド
写真に話しかけてたら
過ぎ去った過去《とき》
しゃくだけど今より眩しい

想い出はモノクローム
色を点《つ》けてくれ
もう一度そばに来て
はなやいで
美《うるわ》しの Color Girl

夜明けまで長電話して
受話器持つ手がしびれたね
耳もとに触れたささやきは

今も忘れない

想い出はモノクローム
色を点けてくれ
もう一度そばに来て
はなやいで
美しの　Color Girl

開いた雑誌《ほん》を顔に乗せ
一人うとうと眠るのさ
今　夢まくらに君と会う
トキメキを願う

渚を滑るディンギーで
手を振る君の小指から

流れ出す虹の幻で
空を染めてくれ

想い出はモノクローム
色を点けてくれ
もう一度そばに来て
はなやいで
美しの Color Girl

(『君は天然色』)

お願いよ
正直な気持ちだけ聞かせて
髪にジャスミンの花
夏のシャワー浴びて

青空はエメラルド
あなたから誘って
素知らぬ顔はないわ
あやふやな人ね

渚に白いパラソル
心は砂時計よ
あなたを知りたい
愛の予感

風を切るディンギーで
さらってもいいのよ
少し翳ある瞳
とても素敵だわ

涙を糸でつなげば
真珠の首飾り
冷たいあなたに
贈りたいの

渚に白いパラソル
答えは風の中ね
あなたを知りたい
愛の予感
（『白いパラソル』）

細野さんと作った『ガラスの林檎』（一九八三年発売）は、ボーカル松田聖子版のはっぴいえんどだと思っている。

蒼ざめた月が東からのぼるわ
丘の斜面にはコスモスが揺れてる

眼を閉じてあなたの腕の中
気をつけて　こわれそうな心
ガラスの林檎たち

愛されるたびに臆病になるのよ
あなたを失くせば　空っぽな世界ね

やさしさは笑顔の裏にある
何もかも透き通ってゆくわ
ガラスの林檎たち

愛しているのよ
かすかなつぶやき
聞こえない振りしてるあなたの

指を噛んだ
眼を閉じてあなたの腕の中
せつなさも紅《べに》を注してゆくわ
ガラスの林檎たち
ガラスの林檎たち

（『ガラスの林檎』）

ぼくの場合、詞は生き方だ。詞が、松本のライフスタイルそのものだと言われたことがある。急に歌謡曲を書き出したり、クラシックに詞を付けたり、時代時代で異質なことをやっているようでも、ぶれていないという自信がある。

少年像とダンディズム

虚飾なく表現できていた頃

はっぴいえんどの頃は、自分のために書けばよかったから恣意的な技巧を使わずともナチュラルに表現することができていた。解散後、一九七三年にプロデュースした南佳孝の『摩天楼のヒロイン』や、一九七五年に作った鈴木茂のアルバム、同じ年、矢沢永吉さんのソロアルバムに書いた『安物の時計』は、その延長線上で作った。

『BAND WAGON』は、茂がひとりで渡米して、茂のほかは全員が現地のミュージシャンでレコーディングしたアルバムだ。インストゥルメンタルを除いて全曲ぼくが歌詞を書いたのだが、国際電話で伝えられてくる文字数に合わせて歌詞を作り、それをまた電話で読み上げるという作り方だった。アメリカとの国際電話が三分三〇〇〇円もした時代で、一曲作るのに電話代が一〇万円もかかった。この時のぼくのことばは、ぼくの等身大だった。それは茂の歌だったからだ。とくに『微熱少年』は、ぼくの創作のメインテーマだったから、それを表現させてくれた茂には感謝している。

俄か雨降る午後に　体温計を挟み
天井の木目　ゆらゆらと揺れて溶けだした
窓のガラスを叩く　野球帽子の少年の
ビー玉を石で砕いては空に撒き散らす

ほらね　嘘じゃないだろう
路面電車は浮かんでゆくよ　銀河へと

遠い電車の響き　路地から路地に伝染り
目覚めれば誰もいない部屋　夜が忍び寄る

ほらね　嘘じゃないだろう
路面電車は浮かんでゆくよ　銀河へと

（『微熱少年』）

『安物の時計』は、矢沢永吉さんのソロデビューアルバム『I LOVE YOU, OK』（一九七五年）の一曲だ。矢沢さんからのオファーで作った。

矢沢さんはとても礼儀正しい人で、詞に関してのオーダーは何もなかった。はっぴいえんどのほうがキャロルよりもデビューは早いのだが、矢沢さんとは同い年だ。この歌は気に入ってもらえたようで、ずっとライブで歌ってくれている。

あー、いつかお前がくれた
安物の時計が
あー、腕にからみつくように
想い出が離れない
チッチッ　チッチッ　時はすぎるぜ
チッチッ　空しく

あー、わざと針を遅らせ
オレを引き止めたっけ
あー、愛は逃げ足の早い
幸せを追いかけてた
チッチッ　チッチッ　針が刺さるぜ
チッチッ　心に

チッチッ　チッチッ　針が刺さるぜ
チッチッ　心に

あー、やっとお前の顔も
忘れられそうなのに
あー、今も想い出させる
蜜のような時間を
チッチッ　チッチッ　悲しみきざむ
チッチッ　心に
（『安物の時計』）

虚構としての男性像はなかなか摑めなかった

アグネス・チャンや太田裕美の成功で、女性歌手に書く詞は摑めてきていたが、歌詞の中に書くべき男性像というものをぼくはずっと模索していた。

ぼくのことばを自分のことばとして歌う人に、職業作詞家として提供するための男性像を、ぼくは作りあぐねていた。虚構としての男性像を、作れないでいた。京平さんのプロデュースで野口五郎のアルバムを書いたことがあったけれど、どうもしっくりしなかった。それが解決したのは原田真二を手掛けた時だ。

当時、彼はまだ一〇代で、少女漫画から抜け出してきたように繊細なルックスで、ミニポール・マッカートニーみたいなメロディとサウンドを持っていた。ぼくの中に出来上がりつつあった男性像がついに完成するかもしれないと思った。

一九七〇年代、『女のみち』（歌／宮史郎とぴんからトリオ、一九七二年発売）や『なみだの操』（歌／殿さまキングス、一九七三年発売）や『昭和枯れすゝき』（歌／さくらと一郎、一九七四年発売）、『北の宿から』（歌／都はるみ、一九七五年発売）がヒットした頃、歌謡曲の世界の女性は不幸を背負い、男性の場合、西城秀樹の『激しい恋』（一九七四年）のような「俺についてこい」というタイプの、強くてカッコいい男が前提としてあった。沢田研二の『勝手にしやがれ』（一九七七年）に出てくるように、フラれても彼女を追いかけるような未練がましいことはせずに自ら背中を向けてしまうのが、歌謡曲のなかの男だった。ぼくはそういう男性像となかなか折り合いがつけられなかった。

実際の男はそんなに強いわけじゃないし、陰もある。本当に強い男は弱さを知っている。ハードボイルドな探偵小説の主人公、フィリップ・マーロウの男らしくない面を、チャンドラーは描く。男も、弱さを持っている。

歌謡曲の世界に存在している「彼」をいったんゼロに戻して、そこにリアルな影をつけたいと思った。それは、ぼくなりの既存の歌謡曲への挑戦だったのだと思う。

原田真二は、小室等、吉田拓郎、井上陽水、泉谷しげるがつくったフォーライフレコードの肝いりの新人だった。プロデュースは吉田拓郎。

原田真二のデビュー曲『てぃーんず ぶるーす』（曲／原田真二、一九七七年発売）は、編曲を鈴木茂が担当し、林立夫や後藤次利が録音に参加している。この曲で、ぼくは初めて影のある少年像を作ることにチャレンジできた。この描き方はジャニーズの歌手たちとの仕事につながっていく。近藤真彦の『スニーカーぶる〜す』（曲／筒美京平、一九八〇年発売）でも「ブルース」をひらがなにしたが、少年期にありがちなブルーな気持ちを表現したかったからだ。カタカナだと、ジョン・リー・フッカーみたいなアメリカ南部出身のブルースマンのイメージになってしまう。

駅に走る道は雨で
川のようにぼくのズックはびしょぬれ

濡れた踏切から見たよ
汽車の窓に流れる君を探して

冷たいレールに耳あてれば
ふたりの秋が遠ざかる
泣いてる君は　ぶるーす

みんな軽々しく愛を
口にしても君は違うと信じた
なのに君はぼくの手より
座り心地のいい倖せ選んだ

都会が君を変えてしまう
造花のように美しく
渇いた君は　ぶるーす

誰れも知っちゃないさ　若さ
それがこんな傷つきやすいものだと
誰れも知っちゃないさ　若さ
それがこんなこわれやすいものだと
ぼくは愛に背中向ける
伏せ目がちのジェームス・ディーン真似ながら
それがぼくのぶるーす
（『てぃーんずぶるーす』）

キャンディーズを担当していた大里洋吉さんが渡辺プロを辞めて、自分で作った会社アミューズの、最初のタレントが原田真二だった。
彼の売り出しにはビートルズの仕掛けを真似た。大里さんのアイデアだ。ビートルズは、イギリスからアメリカになかなか人気に火が点かなかったのだが、『抱きしめたい』が突破口となり、たまっていたシングルがアメリカで同時にヒットし、チャートの一位から五位までを独占したことがあった。ビートルズは、日本にはアメリカ経由で入って来ている。

アメリカでのビートルズはいろいろな理由が重なり不可抗力でそうなったのだけれど、原田真二は毎月シングルを出そうということになった。急いで六曲作った。たいへんだったが、みんないい歌だった。

二曲目の『キャンディ』（曲／原田真二、一九七七年発売）は、最初『ウェンディ』というタイトルだったが、ビーチ・ボーイズに『Wendy』（一九六四年）という曲があるから変えてくれということになった。どこかに旅行に行く直前だったと思う。羽田空港で少女漫画をいっぱい買って、そのなかから選んだ。いがらしゆみこ作画の『キャンディ・キャンディ』から拝借したタイトルだ。ウェンディとキャンディは語呂がいっしょだったから。あんまり意味はない。

ウェンディは『ピーターパン』のヒロインだ。詞の内容はピーターパンのイメージで作った。ロミオとジュリエットも少し混ざっている。

Candy, I love you　目覚めてよ

窓を越えて　ぼくは来た
イバラに囲まれ眠る横顔を
揺り起こすのは風さ

Candy, I love you　許してよ
ダイヤモンドは持ってないけど
草の葉に光る朝のきらめきを
素肌にかけてあげる

ぼくは君の中溶けてゆく
寒い心そのやさしい手で包んで…
Umm　Candy

君はぼくの中ひとつだね
夢の渦に巻きこまれて舞い上がるよ

I love you

Candy, I love you　泣かないで
君が泣けば空も泣いちまう
誰も君の髪さわらせたくない
死ぬまでぼくのものさ

寒い心そのやさしい手で包んで…
Umm　Candy　　（『キャンディ』）

次の月にリリースした『シャドー・ボクサー』と前二作は、三曲同時にオリコンのベスト二〇に入り、史上初の快挙と言われた。

淋しさに打たれ　ダウンした夜は
君がいてやさしく　包んでくれたよ

知らなかったさ　いつも女は
天使と悪魔のどちらにもなれると
僕の胸の傷あとは　もう消えないよ

不思議に浮かぶのは　君の泣き顔さ
月のしずくの中　まつげを伏せてたね
歌を忘れた　カナリヤみたい
ラブソングばかり歌ってた君から
「サヨウナラ」って　僕は耳を疑ってたよ

昨日の夢に振り向いてたら
明日めぐり逢う青空も見えない
―真実も逃げるさ―
だから君を忘れるよ　忘れるよ
もう忘れるよ

そう言いながら　自分の影を
なぐる僕が見える

もう一度　触れたい　君の手に　髪に
もう一人の僕がやめろと叫んだ

だから君に逢えないよ　逢えないよ
もう逢えないよ
そう言いながら　自分の影を
なぐる僕が　見える

SHADOW BOXER
SHADOW BOXER

（『シャドー・ボクサー』）

大衆が求めている少年像と、ぼくがもっている少年像が一致したのが原田真二だった。

一致しなかったのは本人だけ。原田真二本人は、メッセージソングを歌いたかったみたい。それで事務所も辞めてしまう。

究極のダンディズム

桑名正博は、大阪のファニー・カンパニーというバンド出身のロッカーだった。ぼくもバンドの出身だから親近感があった。筒美京平さんと作った『セクシャルバイオレットNo.1』(歌/桑名正博、曲/筒美京平、一九七九年発売)は広告タイアップで、資生堂を抜いて一位になりたいカネボウの強い意向で、タイトルのことばありきの依頼だった。「セクシャル」も「バイオレット」も「No.1」も、ぼくが使わないことばが三つも並んでいる。いよいよ頭を抱えた。曲の最後にさらっとタイトルを言う詞を作って曲をつけてもらったのだが、どうもしっくりこない。インパクトも弱い。京平さんに、もう一度作り直しませんかと提案した。

どうやったらこのことばをダサくならずにインパクトのあるものにできるか。洋楽のように連呼することを思いついた。ダサいと思うものを隠そうとするから余計カッコ悪くなってしまう。堂々と連呼したら、ことばの意味を離れて響きのインパクトだけが耳に残るのではないか。
この曲は、僕にとって初めてチャート一位を獲得した曲になった。

うすい生麻《きあさ》に　着換えた女は
くびれたラインがなお悲しいね
ファッション雑誌を膝から落として
駆けよる心が　たまらないほど

フッ・フッ・フッ　色っぽいぜ
男と女の長い道程
もう俺は迷わない
You make me feel good
Sexual Violet, Sexual Violet
Sexual Violet No.1

情熱の朱　哀愁の青
今、混ぜながら　夢の世界へ
ああ　そこから先は
You make me feel good
Sexual Violet, Sexual Violet
Sexual Violet No.1

他の女を抱くより淋しい
もらい泣きしても愛に溺れる
フッ・フッ・フッ　色っぽいぜ
女と男の回り道なら
もう俺は迷わない
You make me feel good
Sexual Violet, Sexual Violet

Sexual Violet No.1

ときめきの赤　吐息の青
今、溶けだした　夢の世界へ
ああ　そこから先は
You make me feel good
Sexual Violet, Sexual Violet
Sexual Violet No.1

You make me feel good
Sexual Violet, Sexual Violet
Sexual Violet No.1
（『セクシャルバイオレット№１』）

寺尾聰さんを知ったのは『勝ち抜きエレキ合戦』というフジテレビのオーディション番組だった。寺尾さんは大学生で、ザ・サベージというバンドのベーシストで、一九六五年、高校生だったぼくの憧れのポジションに、寺尾さんはいた。

作詞の依頼があった時は、素直に嬉しかった。『ルビーの指環』(歌／寺尾聰、曲／寺尾聰、一九八一年発売)は、寺尾さんに風街の住人になって欲しいと思って書いた。

くもり硝子の向こうは風の街
問わず語りの心が切ないね
枯葉ひとつの重さもない命
貴女を失ってから……

背中を丸めながら
指のリング抜き取ったね
俺に返すつもりならば
捨ててくれ

そうね　誕生石ならルビーなの

そんな言葉が頭に渦巻くよ
あれは八月　目映い陽の中で
誓った愛の幻

孤独が好きな俺さ
気にしないで行っていいよ
気が変わらぬうちに早く
消えてくれ

くもり硝子の向こうは風の街
さめた紅茶が残ったテーブルで
衿を合わせて　日暮れの人波に
まぎれる貴女を見てた

そして二年の月日が流れ去り

街でベージュのコートを見かけると
指にルビーのリングを探すのさ
貴女を失ってから……
（『ルビーの指環』）

日本には、宝石をタイトルにした歌はほとんどなかった。日本の歌謡曲は、一般的な庶民に向けて作られているから、贅沢品をタイトルにしたら売れないと言われた。その頃は、バブルのちょっと前で、普通の人も贅沢なことをするようになったし、ルビーは、エンゲージリングにするにはダイヤモンドよりもずっと安い宝石だし、ぼくの生まれた月の誕生石でもある。ルビーの「ビ」と指環の「び」の韻もいい。周りの反対を押し切った。

この歌では、三回時制が変わっている。今は別れようとしている。去年の夏は、うまくいっていた幸せな頃の景色。二年後に、昔の彼女のベージュのコートを探す。三回も時制を変えるなんてこと、普通はしないのだが、『ルビーの指環』はそれがうまくできたなと思う。この歌の主人公は未練がましい人物で、別れてから二年経っても指にルビーの指環を探す。捨ててくれって言ったじゃないか。ハードボイルドなのに、妙に一途なのだ。

男らしさを描こうとする時、ぼくは弱さを書きたくなる。弱さを書いていると、書かれていない男らしさが浮かび上がってくる。

それは全部無意識にやっていることで、なんとなく詞はできてしまう。あとになって、どうしてこういうものを作ったんだろうと分析していくと、ああ、そういうことをぼくは書きたかったんだな、ということがわかってくる。

ダンディズムは生き方

ぼくの考え方の根っこには、死んだ妹が関係している。妹は生まれた時から体が弱く、何か月も生きられないと言われた子どもだった。家族として、大切にしなくてはいけない存在だった。なのに、本人はいつも「大丈夫」と言う。顔色が悪くても「平気」と言う。とても気の強い妹だった。つらくても弱音を吐くことがなかった。

そういう彼女をそばで見ていて、女だから弱いとか、男だから我慢するとか、そういうことではないと、ぼくは子どもの頃から自然に学んだ。彼女は生きようとしていた。ダンディズムとは、「男」か「女」かではない。「生きる」か「死ぬ」かである。

トランスポーテーション

地名からのインスピレーション

詞を書く時に使うことばをメモすることはない。メモしないと忘れてしまうようなことばはそもそもインパクトがないのだと思う。いつまでも頭に残っていることば、ずっと覚えていることばがモチーフになる。

小川国夫の小説は、彼の実体験を基にしたヨーロッパや北アフリカをオートバイで旅する作品に興味を惹かれて読み始めた。東京大学を休学してパリのソルボンヌで文学を勉強した彼のフランス滞在中のエピソードが基になっている短編集だ。

この作家は静岡県の藤枝の生まれで、生まれ故郷が舞台の、私小説的な小品も多く書いている。その短編のひとつに、主人公がバーに行くとそこに顔なじみの船員がふらっとやってきて、カナリア群島に行ってきたと話すシーンがある。カナリアには大西洋全域で漁をする鮪延縄漁の基地があって、漁師は鮪漁船の乗組員だった。その小説を読んだ時に「カナリア」という地名がインプットされた。その後、人気の保養地だということを知ったのだが、一九八一年に書いた『カナリア諸島にて』(歌/大滝詠一、曲/大瀧詠一、一九八一年発売）は、ぼくの頭の中だけで思い描いた世界だ。

薄く切ったオレンジをアイスティーに浮かべて
海に向いたテラスで
ペンだけ滑らす

夏の影が砂浜を急ぎ足に横切ると
生きる事も爽やかに
視えてくるから不思議だ

カナリア・アイランド
カナリア・アイランド
風も動かない

時はまるで銀紙の海の上で溶け出し

ぼくは自分が誰かも
忘れてしまうよ

防波堤の縁取りに流れてきた心は
終着の駅に似て
ふと言葉さえ失くした
カナリア・アイランド
カナリア・アイランド
風も動かない

あの焦げだした夏に酔いしれ
夢中で踊る若いかがやきが懐かしい
もうあなたの表情の輪郭もうすれて

ぼくはぼくの岸辺で
生きて行くだけ……それだけ……

カナリア・アイランド
カナリア・アイランド
凪も動かない

カナリア・アイランド
カナリア・アイランド
凪も動かない
（『カナリア諸島にて』）

カナリアは、北アフリカのモロッコ沖の大西洋上に浮かぶ七つの島からなるスペイン領の群島だ。大西洋のハワイとも称され、スケールが大きいハワイ諸島を思い浮かべてもらえばイメージが伝わるかもしれない。

さて。そのカナリア諸島では、毎年一月から二月に国際音楽祭が開催されている。一九九九年の音楽祭で世界的な指揮者のカルロス・クライバーが振るから行かないかという誘いがあった。『カナリア諸島にて』が収録されている大滝詠一のアルバム『A LONG VACATION』はロングセラーを続けていた。カナリア諸島には行ったことがなかったし、クライバーも聴きたいし、神様が行けと言っていると思った。

実際に行ってみるとカナリアは島によって雰囲気がずいぶん違う。最初に到着したグラン・カナリアの空港から見える風景は川崎の工業地帯のようで、宿泊先周辺は鄙びていた頃の熱海みたいだった。ぼくのカナリア・アイランドはここじゃない。

コンサートが開かれるテネリフェ島へは翌日にプロペラ機で行った。テネリフェの空港は山と山に挟まった断崖の向こうで、その日はハリケーンが来ていて、落ちて死ぬかもしれないと思った。

無事に降り立ったテネリフェは、ぼくの書いた詞の情景そのままだった。全く同じ。あの通り。想像で書いたものと同じ風景が目の前にあった。「俺って天才かも」と思った。高層ホテルが立ち並ぶハーバーがあり、海に向いたテラスもあった。行き止まりになる防波堤もあった。でも、行ってから書けと言われたら書けなかったと思う。自分でイメージを構築したからこそ書くことができた世界だった。

音楽祭では、当日にならないと指揮台に立つかどうか誰もわからないキャンセル魔のクライバーが、しっかりとバイエルン放送交響楽団を指揮した。結果的にこれがクライバー最後の指揮となるベートーヴェンの交響曲四番と七番だった。

ところで、オレンジ・アイスティーはぼくの発明かもしれない。『カナリア諸島にて』を書く時に思いついた。オレンジの甘みがアイスティーに広がったらおいしいだろうなと。それ以前はそんな飲み物はなかったはずだ。今は世界中に広まっている。ハワイにもカリフォルニアにもある。

リヴィエラからニューヨーク、そしてマイアミへ

森進一の『冬のリヴィエラ』（曲／大瀧詠一、一九八二年発売）は、小学校の高学年で観た『死の船』（一九六〇年日本公開）という西ドイツ映画の記憶から発想している。「リヴィエラ」という地名は、やはり小川国夫の小説から拝借した。

母方の伯父が伊香保から東京に出てきた時に渋谷の映画館、パンテオンに連れて行かれていっしょに観たのだが、小学生が見るようなものではない暗くて重いテーマの映画だった。主人公は奴隷船のような船に乗せられて苦労したあげく船が沈没して、最後は筏みた

いなものにひとりでしがみついていてそのまま死ぬんだろうという、夢も希望もないストーリー。インターネットで探してみたら、画質の悪いドイツ語のものが見つかった。ぼくにはドイツ語はわからないし面白い映画ではなかったが、港町のホテルと娼婦、アメリカ人の船員といった断片は覚えていた通りだった。

伯父は亡くなってしまったから、どうして小学生のぼくを連れて行ったのかは謎のままだ。エルケ・ソマーというドイツ人の女優が出ていて、ぼくは彼女のファンになった。

もうひとつの船のイメージは、小学校の三年か四年の時の横浜港だ。日本の移民政策の最後の頃で、同級生の一家がリオデジャネイロで日本料理店をやるという。船で行くのでみんなで見送りに行きましょうということになった。横浜の桟橋から大きな客船が出て、色とりどりのテープが千切れていく。楽隊がマーチを演奏していた。ぼく自身は船は苦手なんだけどね。酔ってしまうから。ぼくはお酒も飲めないしね。

彼女《あいつ》によろしく伝えてくれよ
今ならホテルで寝ているはずさ
泣いたら窓辺のラジオをつけて

陽気な唄でも聞かせてやれよ
アメリカの貨物船が
桟橋で待ってるよ

冬のリヴィエラ　男って奴は
港を出てゆく船のようだね
哀しければ　哀しいほど
黙りこむもんだね

彼女《あいつ》は俺には過ぎた女さ
別れの気配をちゃんと読んでて
上手にかくした旅行鞄に
外した指輪と酒の小壜さ

やさしさが霧のように
シュロの樹を濡らしてる

冬のリヴィエラ　人生って奴は
思い通りにならないものさ
愛しければ　愛しいほど
背中合わせになる

皮のコートのボタンひとつ
とれかけてサマにならない

冬のリヴィエラ　男って奴は
港を出てゆく船のようだね
哀しければ　哀しいほど
黙りこむもんだね

（『冬のリヴィエラ』）

この詞を書いた時、『死の船』に出てくる港町の地名までは覚えていなかった。映画の港町はベルギーのアントワープなのだが、リヴィエラならアメリカ行きの船がきっと碇泊しているだろうという想像で書いた。

『冬のリヴィエラ』は第一六回日本作詩大賞を受賞している。授賞式に出ないのに大賞をいただいてしまって、たくさんの人を怒らせた。森さんは、『襟裳岬』(詞／岡本おさみ、曲／吉田拓郎、一九七三年発売)以来、九年ぶりのベストテン入りをとても喜んでくれた。

リヴィエラから船に乗った男は、その後ニューヨークに降り立つ。

スーツ・ケースに腰をおろして
マイアミゆきのバスを待つのさ
小雨色した　バス・ターミナル
自分の影を話相手に
Manhattan in the rain　三〇年生きちまったね
Manhattan in the rain　人生の残り半分

せめておまえと暮らしたいけど
夢さ…　幻さ…
摩天楼に灯がともる

手の缶ビール　握りつぶして
負けた男は旅立つけれど
同情なんて投げないでくれ
それが俺には一番辛い
Manhattan in the rain　あたたかいベッドの中で
Manhattan in the rain　眠れたらそれもいいけど
冷たい雨に濡れるのもいい
夢さ…　幻さ…
摩天楼に灯がともる
Manhattan in the rain　三〇年生きちまったね

Manhattan in the rain　人生の残り半分
せめておまえと暮らしたいけど
夢さ…　幻さ…
摩天楼に灯がともる

（『紐育《ニューヨーク》物語』）

『冬のリヴィエラ』の翌年に書いた『紐育《ニューヨーク》物語』（曲／細野晴臣、一九八三年発売）は、船に乗った男の後日談だ。旅人ではなく船員なのは、『死の船』のイメージだ。この男はニューヨークでまた失恋して居場所がなくなり、バスでマイアミに行くのだ。

これを書いた時、ぼくは三四歳だったはずだが、「三〇年生きて残りの人生半分」ということは、六〇歳までしか計算していない。すでに七〇年以上生きた。もう一〇歳以上オーバーしている。

第四章　『冬の旅』への旅

シューベルトとの出会い

日本語の歌詞でストレートに

エルンスト・ヘフリガーが歌う『冬の旅』を、お茶の水のカザルスホールで聴いたのは一九九一年の九月だった。ぼくはシューベルトの苦悩と憂鬱に満ちた青春に不意に出会ってしまったのだった。一聴衆だったぼくの頭の中で、ドイツ語で歌われているはずのメロディに即興の日本語の詞が二重写しに流れ始めた。

パンフレットに記された対訳を見ながら聴くうちに、対訳を追わずに聴くことができれば、シューベルトがこの曲に託した想いももっとストレートに伝わるだろうと思った。それまでにあった日本語訳の歌詞は堅苦しい文語体で、その詞では、この素晴らしい歌が教科書に載っているような退屈な音楽と化してしまう。『冬の旅』の埃を払ってみたいと思った。

ドイツの大学のキャンパスには菩提樹が植えてあって、その下で学生たちは歌ったりまどろんだりするのだが、シューベルトの『菩提樹』は、「自分は北風に追われている旅人だから、樹が、この想いのなかに戻っておいでと言っても帰らない」という歌だ。日本人の多くは、歌の前半しか知らない。

泉のほとり　そよぐ菩提樹
木洩れ陽あびて夢を紡ぐ
愛の言葉を木に刻んで
歓び嘆き語りに集う
今は真夜中　木を横切り
闇に瞳を閉じて急ぐ
ざわめく枝がぼくを呼んで
「おいで　ここには憩いがある」
逆らう風が帽子飛ばし

顔に吹いても振り向かない
遠く離れた場所にいても
ざわめく枝が耳打ちする
「おいで　ここには憩いがある」
「心安らぐ憩いがある」
「憩いがある」　　　（『菩提樹』）

この『菩提樹』をはじめ『冬の旅』の二四篇の詩は、失恋した青年の絶望を歌っている。青年はひどく傷ついており、一回の失恋で自殺願望が途轍もなく強くなっている。歌詞を書いたヴィルヘルム・ミュラーは、二四種類の絶望の仕方を研究しているのだが、その二四種類の絶望に対して、ことごとく「死」が拒否する。この青年にとっては、死ぬことが唯一の救い。死にたくて仕方がない。ところが「死」の側がそれを拒絶する。もうちょっと生きろと。そのせめぎ合いが二四曲ある。人間っていうのは生きなきゃダメだよということを、この二四曲は言っている。

生と死の境目で、必死になって生きている人間は美しい。そういう歌をぼくは他に知らない。『冬の旅』は、音楽のあらゆるジャンルを通して、そのひとつの頂《いただき》になっている。

すべての道はシューベルトに至る

「にぎわった街道を避け人目につかない小径探した」と歌う『道しるべ』は、ピアノの伴奏も葬送行進曲のようで、この「道」は、「死へ至る道」だ。

サイモン&ガーファンクルに『The Dangling Conversation（『夢の中の世界』）』という曲があって、そこにロバート・フロストという詩人の名前が出てくる。『The Road Not Taken』というタイトルの、彼のいちばん有名な詩でフロストは、「足跡がいっぱいついた道ではなく、足跡がまばらな道を選んだ」と詠っている。メインストリームではなく、サブカルチャーを生きてきたという意味だと思う。フロストは、明らかにミュラーの影響を受けている。

ぼくはロバート・フロストの詩も好きで、はっぴいえんどの時に感じていたメインストリームではないものの持つ匂いを、彼の詩からも感じる。はっぴいえんどからサイモン&ガーファンクルに向かい、それがロバート・フロストに行って、結局シューベルトに辿り着く。

ぼくはにぎわった街道を避け
人目につかない小径探した
雪の岩山に通じる道を探した

罪を犯したりしたわけじゃない
なんて愚かな馬鹿げた想いが
ぼくを荒野へと誘うのだろう

道ばたを飾る道しるべたち
さまざまな町の名が書いてある
休息もなしに休息探しさすらう

道しるべひとつ

ゆるぎなく立つ
ぼくはその道を行かねばならない
ひとすじの道

道しるべひとつ
ゆるぎなく立つ
帰った者など誰一人ない
ひとすじの道
（『道しるべ』）

太田裕美に書いた『最後の一葉』（曲／筒美京平、一九七六年発売）は、O・ヘンリーの短編から着想を得ているのだが、そのO・ヘンリーの作品の元になっているのは『最後ののぞみ』だ。

『冬の旅』を知らずに、文学も音楽も語れない。

この手紙着いたらすぐに

お見舞いに来てくださいね
もう三日あなたを待って
窓ぎわの花も枯れたわ

街中を秋のクレヨンが
足ばやに染めあげてます

ハロー・グッバイ　悲しみ青春
別れた方があなたにとって
倖せでしょう　わがままですか

木枯しが庭の枯れ葉を
運び去る白い冬です
おでこへとそっと手をあてて
熱いねとあなたは言った

三冊の厚い日記が
三年の恋　綴ります

ハロー・グッバイ　さよなら青春
林檎の枝に雪が降る頃
命の糸が切れそうなんです

生きてゆく勇気をくれた
レンガべいの最後の一葉

ハロー・グッバイ　ありがとう青春
ハロー・グッバイ　ありがとう青春
凍える冬に散らない木の葉
あなたが描いた絵だったんです

（『最後の一葉』）

あちこちの枝に色づく木の葉
木立ちに佇み思いに沈む

一枚の葉へと希望をかける
風に遊ぶたび胸が震える

その葉が落ちれば希望も落ちる
その葉が落ちれば
大地へぼくも身を投げて泣くだけ
希望の墓　　　（『最後ののぞみ』）

『最後の一葉』を書いた頃、ぼくにとって死は遠い世界だった。何も考えずに作ったものが時間の経過で別の意味を持つことがあるのだなと、最近感じることが増えた。

シューベルトを辿る旅

ヘフリガーの『冬の旅』を聴いた後、ぼくはシューベルトの足跡を辿る旅に出た。ウィーン郊外の生家や墓地を訪ね、ハンガリーのエステルハージ伯爵のゼレチュの館に向かった。二一歳の頃、彼はマリーとカロリーネというふたりの娘の音楽教師の職を得て、そこに夏の間滞在している。

伯爵家の庭は公園になっていた。ぼくが訪ねた時、館は補修中で、大工は立ち入り禁止だと言ったが、きちんと理由を話すと、逆に板と釘を剥がして封印してある部屋に案内してくれた。シューベルトが滞在していたころの塗装がそのまま残っていると説明された。『未完成交響楽』(一九三三年)というドイツ・オーストリア映画では、シューベルトはカロリーネと恋に落ちるが、いくつかの伝記を読むと、その館の小間使いから死の遠因となった病気をもらったというのが真相のようだ。彼の病気は今でこそペニシリンで治るが、当時は不治の病だった。

三一歳で、絶望のうちに「未完成」の人生を閉じた楽聖シューベルト。詞を書いたミュラーも三二歳で、シューベルトが没する前年に亡くなっている。

この寿命の短さは、モーツァルトから『ドン・ジョバンニ』以降の傑作の森を取ってしまう。バッハからは『ブランデンブルク協奏曲』も生まれず、ベートーヴェンからは『月光』ソナタ以降の作品を消してしまう。交響曲『英雄』さえ三三歳まで待たねばならない。それよりずっと若い年齢でシューベルトは『未完成』を、『グレート』を、書いている。

シューベルトは生家を離れてから、生涯、決まった住居を持たなかった。友人たちの家を転々として、楽譜を売って得た僅かな収入もみんな人に奢ってしまったのだという。遺品のリストにはピアノがない。「着古された燕尾服。フロックコート。シャツ、ズボンなど衣類数着。ベッドカバー二枚。シーツ一枚。マット一枚。毛布一枚。クッション一個。靴五足。長靴二足。帽子一個。古い楽譜の束。現金三グルデン」。これが、亡くなった時の全財産だ。そのくらい極貧だった。一方で、あのくらいの天才になるとピアノは必要ない。頭の中で音楽が鳴るのだ。実際に弾かなくても、頭の中に流れる音楽を譜面に写していけばいい。

シューベルトが隣に座っていた

『冬の旅』二四曲を訳すのに、ぼくは一か月はかかると思っていた。ところがたった二晩で仕上がってしまった。ペンが止まらなくなるほど熱中した。眠る時間も食事をする時間も惜しかった。そういう取り憑かれたような時間だった。その間、ずっと隣にシューベルトが座っているような気がしていた。

資料は直訳した日本語、シューベルトの伝記、CD。いちばん大事なのは楽譜。正式には翻訳ではなく、ぼくにできるのは意味を旋律に乗せることだ。それは、ぼくのとても得意なことで、日本で誰よりもその才能があると自負している。そのことばをしゃべることができなくとも、こういうことを言っていますよ、というあらすじがあれば、何語であってもできると思う。訳詞ではなく作詞なのだ。ドイツ語にはたたきつけるようなリズムがあるけれど、日本語はなめらかだし、一音節で伝えられることも限られる。その違いを乗り越えて作曲家の言いたいことを歌のことばにする仕事は、音楽を知らないとできない。

クラシックの専門家から、「近藤朔風先生の名訳があるのにどうしてこんなことをするのですか」と非難されたが、そういう他人の旗を持ってきて立てると自分が偉くなったような気分になる人に、何を言われようと気にならない。

ぼくの日本語詞の『冬の旅』は、ヘフリガーの伴奏を務めた岡田知子さんのピアノと、その頃シューベルトが亡くなった年齢に近かったテノール歌手の五郎部敏朗さんの録音で一九九二年にCDになり、その後、三ツ石潤司さんのピアノ、鈴木准さんのテノールで再録音されたものは二〇一五年にヨーロッパの風景写真と詩集付きのCDブックになった。この音楽家の方たちは全員ドイツ語を話すことができる。とくに三ツ石さんは長くウィーンに住んで勉強をしていた方で、その三ツ石さんが「これは松本さんの詞にシューベルトが曲をつけた」と言ってくれた。最大級の誉めことばだ。

二〇〇四年の『美しき水車小屋の娘』、二〇一八年の『白鳥の歌』、四半世紀をかけて、シューベルトの三大歌曲集プロジェクトは完結した。

第五章　瑠璃色の地球

コロナ禍の中の音楽

普遍的な愛を歌う

「人間は弱い生き物です。見えないウイルスと戦ってもほんとに微力です。強い力に媚びても意外に壊れやすいものです。それよりも、隣にいる弱い人たちと助け合ったりかばい合ったり。そのほうが希望の光が見えてくる。そういう歌です」

『瑠璃色の地球』（歌／松田聖子、曲／平井夏美、一九八六年発売）を二〇〇〇人の人が歌って、それを五〇人ずつ四本のビデオに編集した冒頭に、ぼくが挨拶したことばだ。

二〇二〇年。コロナウイルスのパンデミックが世界を変えた。ライブ活動ができる場所は一時期すべてが閉鎖された。ミュージシャンたちを救済する方法を見つけたかった。見出せなかった。

視点を変えて、一般の人が自宅で歌い、それを小さい画面のなかで合唱するかたちにしたらそれも音楽だから娯楽になるのかなと思いついた。二〇〇〇人が歌えば、二〇〇〇人くらいはそれを聴いて泣いてくれる人がいるだろうし、泣けば心が楽になるかもしれない。

一ワットでもいいからみんなが少し明るくなるなら、これはやる価値がある。

東京ではなく、今、ぼくが住んでいる神戸から発信したいと思った。東京でぼくの人脈を使って探せば、早く仕上げてくれる会社を見つけることは簡単だ。そうではなく、神戸の力でやってみたいと思った。曲は何がいいかと考えた時、『瑠璃色の地球』がすぐに思い浮かんだ。

夜明けの来ない夜は無いさ
あなたがポツリ言う
燈台の立つ岬で
暗い海を見ていた

悩んだ日もある　哀しみに
くじけそうな時も
あなたがそこにいたから
生きて来られた

朝陽が水平線から
光の矢を放ち
二人を包んでゆくの
瑠璃色の地球

泣き顔が微笑みに変わる
瞬間の涙を
世界中の人たちに
そっとわけてあげたい

争って傷つけあったり
人は弱いものね
だけど愛する力も
きっとあるはず

ガラスの海の向こうには
広がりゆく銀河
地球という名の船の
誰もが旅人
ひとつしかない
私たちの星を守りたい
朝陽が水平線から
光の矢を放ち
二人を包んでゆくの
瑠璃色の地球
瑠璃色の地球

（『瑠璃色の地球』）

『瑠璃色の地球』は、松田聖子の妊娠中に彼女のアルバム『SUPREME』のために書いた詞で、母となるその時の聖子が、ぼくに書かせてくれた。

この歌は、癒しよりももうひとつ上のステージに行ける力を持っているように思う。癒しの先は救い。そういう力がある。書いた時には意識していなかった。ほとんど無意識に書いた。

真っ暗闇から始まって、燈台が出てくる。

燈台の光は、迷った時に航路を教えてくれる。視界が悪い時でも、こっちだよと知らせてくれる。

燈台の光しかない暗闇の世界に、次は水平線から太陽が昇って光の矢を放つ。放射状に光がやってきてだんだん明るくなる。

そこにはあなたがいる。ふたりだから生きていられる。

ラブソングだが、普遍的な愛を歌っている。地球環境の問題から宇宙まで、そういう深くて大きなテーマを持つ歌を、松田聖子という人はぼくに作らせた。ぼくが作ってあげたのではない、聖子がぼくに作らせた。

メッセージ性のある歌は、日本ではなかなか受け入れられない。松田聖子の場合、アイドルとしての実績を丹念に積み上げていって、実験的なことを試してもそれが受け入れられる素地を作り、そうやってこの歌を多くの人に届けることができたのだと思う。

二〇〇人が歌った『瑠璃色の地球』は、友人である神戸在住のロッカー、石田秀一のプロデュースで、まずローカルミュージシャン篇が公開され、それを神戸新聞が取り上げてくれた。神戸のローカルテレビ(サンテレビ)のスタッフも協力してくれるようになった。四本のビデオは一年間でのべ六万人が見てくれた。NHKのニュースでも紹介され、松田聖子は自身の四〇周年記念企画として再録音し歌ってくれたし、年末の紅白歌合戦でも歌った。全国の学校の合唱部のコーラスも、エッセンシャルワーカーへの感謝を伝える歌として、YouTube にアップロードされている。

無色透明な歌が、地下水脈になってあちこちから泉のように流れ出している。

そういうふうに、みんなが少しずつ力を出し合って、それがみんなのためになっていくような世界観が好きだ。

ぼくにとって自分が幸せになるのはそれほど重要なことではない。まわりの人たちみんなが幸せになるように生きたいと思う。この詞は、それを歌っている。

ぼくのことばを愛してくれた二人

京平さんに会った最後の日のこと

京平さんと最後に会ったのは二〇一四年三月二一日。太田裕美のライブの日だった。彼女がみんなを呼んだ。白川さんに付き添われてライブ会場にやってきた京平さんは、支えられないと歩けない状態だった。

その日のライブで裕美さんが歌った『煉瓦荘』(曲/筒美京平、一九七八年発売)の「売れない詩人はきみのことでしょ?」と京平さんは言った。

あれからは詩を書き続けた
哀しみにペン先ひたして
想い出で余白をつぶした
君の名で心を埋めた

井の頭まで行ったついでに

煉瓦荘まで足をのばした
運良く君が住んでた部屋が
空室なんで入れてもらった
煉瓦荘　売れない詩人とデザイナーの卵
煉瓦荘　窓まで届いた林檎の木の香り
倖せの形は見えない
でもぼくは心に描ける
椅子の影　シーツの襞にも
倖せの尻尾が覗いた

家具のない部屋　何故こんなにも
小さく狭く見えるのだろう
ここで絵を描き　飲んで歌って
朝になるまで寝顔見てた
煉瓦荘　屋根まで上れば副都心が見えた

煉瓦荘　心に煉瓦を積み崩した部屋さ
毎日が時代の空気に
息づいてあざやかだったね
傷ついた深さを計れば
愛してた深さもわかるよ

ぼくの創った石膏像は
似ても似つかぬ君の微笑み
でもひとつだけ似ていたのは
石で出来てた君の心さ
煉瓦荘　崩れた白壁　荒れた庭の草よ
煉瓦荘　ぼくらの青春眠っている場所よ
あれからは詩を書き続けた
哀しみにペン先ひたして
出来るなら何も書いてない

人生の白紙が欲しいよ　　　（『煉瓦荘』）

ライブの後、白川さんと三人で食事をした。それが京平さんとの最後になってしまった。

十二月の旅人よ

この日は、前の年の一二月三〇日に亡くなった大滝さんのお別れの会が乃木坂のソニー・ミュージックのスタジオであって、ぼくは長い弔辞を読んだ。その最後にこう語りかけた。

「北へ還る十二月の旅人よ。ぼくらが灰になって消滅しても、残した作品たちは永遠に不死だね。
なぜ謎のように『十二月』という単語が詩の中にでてくるのか、やっとわかったよ。
苦く美しい青春をありがとう」

はっぴいえんどのために詞を書くという意識を持って初めて書いた『十二月の雨の日』

は、ぼくが実際に見た光景をそのままをことばにしたものだ。その日は昼から雨が降っていて、夜になって西麻布の自宅を出てタクシーを拾って、渋谷区幡ヶ谷に住んでいた大滝さんの家に行っている。着いたときには雨は上がっていて、路面が光っていて、そのときに見た風景をそのまま、大滝さんの家の炬燵で書いた。

この詞にはきちんと都市が描かれている。その風景が疎外感や孤独を表している。なぜ自分が疎外されているのか、はじかれているのか、一言も説明していないのに、優れたボーカリストである大滝さんの歌からは疎外感や孤独が伝わってくる。

ぼくは説明が嫌いだ。一切説明はしたくない。心情を説明するのではなく、ディティールを積み上げることで心象風景を描く。映画なら小津安二郎や黒澤明の表現だ。余計な感情はいらない。そこに、今までの歌にはない世界観があるし、これならいけるかもしれないという手応えがあった。

水の匂いが眩しい通りに
雨に濡れたひとが行き交う
雨あがりの街に　風がふいに立る

流れる人波を　ぼくはみている

雨に病んだ飢いたこころと
凍てついた空を街翳が縁どる
雨あがりの街に　風がふいに立る
流れる人波を　ぼくはみている

（『十二月の雨の日』）

『A LONG VACATION』を作っていて最後に渡された曲が『さらばシベリア鉄道』だった。ザ・スプートニクス（スウェーデンのインストゥルメンタルバンド）みたいな北欧の雰囲気のギターソングで、スプートニクスはぼくも大好きだから、北シリーズで行こうと思った。シベリア鉄道には乗ってみたかったし、そういう歌を書こうと思った。

男と女の掛け合いの歌詞ができてしまって、大滝さんはたぶん照れたんだと思う。女ことばの歌詞を歌うのに抵抗があったようだ。自分の前に太田裕美に歌ってもらいたいという話がすぐにまとまって、太田裕美のシングルが大滝さんのアルバムより先に出た。

「伝えておくれ　十二月の旅人よ」の箇所の譜割が、大滝さんと太田裕美で違っているが、オリジナルは太田裕美の歌い方だ。彼女は譜面通りに正確に歌う人だし、本人も、大滝さんが歌って録音した仮歌の通りに歌ったと証言している。大滝さんは自分のアルバムの歌入れのときに変えたのだが、「十二月」が強調された歌い方になっているのは偶然だろうか。

哀しみの裏側に何があるの?
涙さえも凍りつく白い氷原
誰でも心に冬を
かくしてると言うけど
あなた以上冷ややかな人はいない

君の手紙読み終えて切手を見た
スタンプにはロシア語の小さな文字
独りで決めた別れを
責める言葉探して

不意に北の空を追う

伝えておくれ
十二月の旅人よ
いついつまでも待っていると

この線路の向こうには何があるの?
雪に迷うトナカイの哀しい瞳
答えを出さない人に
連いてゆくのに疲れて
行き先さえ無い明日に飛び乗ったの
ぼくは照れて愛という言葉が言えず
君は近視まなざしを読みとれない
疑うことを覚えて

人は生きてゆくなら
不意に愛の意味を知る

伝えておくれ
十二月の旅人よ
いついついつまでも待っていると

（『さらばシベリア鉄道』）

ぼくのことばを愛してくれた二人、大滝さんと京平さんと、同じ日にお別れしたことになる。なんていう日だったんだろう。

次の五〇年に向けて

作詞を始めて五〇年が過ぎた。ぼくは、音楽がやりたくてドラマーとしてこの世界に入り、学生の時に出会った天才ベーシスト・細野晴臣の勧めで詞を書き始めた。

ぼくには下積みというものがない。習作はいくつかあるが、ほとんど生まれて初めて書いた詞が作品として残り、それが今でも聴かれているのは幸せなことだと思っている。

今は自分で詞も曲も書いて歌うミュージシャンが主流になって、ペアを組む作曲家を探すのも難しくなった。レコードからCDになり、配信になって、次の時代はサブスクリプションになる。音楽の聴き方も変化している。今、七〇年代八〇年代の日本のポップスが海外で人気になっているように、次の時代、音楽の国境はなくなっていくだろう。日本語の歌が、海外に浸透していくようになるだろう。

二〇二一年七月に発売された五〇周年記念のアルバムには、その歌を作った時には生まれていなかった若い歌い手たちもたくさん参加してくれている。昔の歌が若い世代に歌い継がれていく一方、ポール・マッカートニーとボブ・ディランは、八〇歳近くなって新作を出した。日本では岡林信康が七五歳で新しいアルバムを作っている。ぼくは七〇歳を越して、応用が利かなくなった自分を感じるし、架空の散歩ができなくなっている自覚がある。自分にどのくらいのモチベーションがあるだろう。それを奮い立たせてくれるアーティストは現れるだろうか。

あとがき

はっぴいえんどがデビューしたとき、田舎の小学生にまでその情報は到達していなかったから、私がはっぴいえんどを知ったのは大学生になってからのことでした。作詞家・松本隆をようやく認識したのは、『A LONG VACATION』の時点だし、大好きでレコードが擦り切れるほど聴いたあがた森魚のアルバム『噫無情（レ・ミゼラブル）』のプロデュースは松本隆さんが手掛けたと知ったのもつい最近です。松本さんは私がいつも聴いていた音楽のなかにずっといたのだな、と改めて思います。

この本のために、初めてお話をうかがった頃、横浜の埠頭に集団感染が起きた大型客船ダイヤモンド・プリンセス号が接岸していました。遠いところの出来事だと思っていた感染症は瞬く間に広がり、世界中の人々の生活が一変します。松本さんにお目にかかることもままならない日々が無為に過ぎるうちに、筒美京平さんが天に召されました。筒美さんが松本さんと組んで世に送り出した名作は数知れません。

『瑠璃色の地球』という、大きな愛を歌ったマスターピースが再び脚光を浴び、『木綿のハンカチーフ』や『セクシャルバイオレット№1』といった昭和の名曲を聴く機会が増えたのはそういう悲しい背景があってのことですが、私にとっては、作詞家・松本隆の本質に少しだけ近づくきっかけにもなったように思います。

つらいこと、苦しいことの向こうにも、光はきっとある。松本さんが、歌を通して伝えてきたことです。その歌の「ことば」は、聴く人にとっての光。それが「ことばの力」。

お忙しいなか、拙い質問に丁寧に応えてくださった松本隆さんに心より御礼申し上げます。

藤田久美子

二〇二一年　八月

藤田久美子《ふじた くみこ》

ライター、編集者、翻訳者。得意分野は邦楽、文楽、能、オペラ、茶道など。

松本　隆《まつもと たかし》

一九四九年、東京都出身。一九六〇年代後半、ドラマーとして細野晴臣らとバンド活動を始め（後のはっぴいえんど）、作詞も担当。解散後、職業作詞家の道に。松田聖子、太田裕美、近藤真彦、薬師丸ひろ子、KinKi Kidsらに歌詞を提供し、質量ともに稀代のヒットメーカーとなる。二〇二一年に作詞活動五〇周年を記念したトリビュート・アルバム『風街に連れてって！』が発売。

インターナショナル新書〇八五

松本《まつもと》隆《たかし》のことばの力《ちから》

二〇二一年一〇月一二日　第一刷発行

著　者　藤田《ふじた》久美子《くみこ》
発行者　岩瀬　朗
発行所　株式会社 集英社インターナショナル
〒一〇一－〇〇六四 東京都千代田区神田猿楽町一－五－一八
電話 〇三－五二一一－二六三〇
発売所　株式会社 集英社
〒一〇一－八〇五〇 東京都千代田区一ツ橋二－五－一〇
電話 〇三－三二三〇－六〇八〇（読者係）
〇三－三二三〇－六三九三（販売部）書店専用
装　幀　アルビレオ
印刷所　大日本印刷株式会社
製本所　加藤製本株式会社

　ISBN978-4-7976-8085-0　C0295

インターナショナル新書

082

プロが語る胸アツ「神」漫画　1970-2020

きたがわ翔

「あの漫画のルーツはどこにあるのか」「萩尾望都『半神』が神作品の理由」「『鬼滅の刃』大ヒットの秘密」……。「日本一漫画に詳しい漫画家」が、漫画界に革命を起こした作家たちの作品とその表現方法を解説！

083

新書版　性差《ジェンダー》の日本史

国立歴史民俗博物館監修
「性差の日本史」展示プロジェクト編

日本のジェンダー1800年の旅へ——。日本で「男」と「女」という区分はいつ生まれたのか？　社会の中でジェンダーがどのような意味を持ち、どう変化してきたのか？　豊富な資料を通してこれらの問いについて考える。

084

「最前線の映画」を読む Vol.3　それでも映画は「格差」を描く

町山智浩

なぜ貧困や格差を描く映画には「雨」が付き物なのだろうか？　『ジョーカー』『パラサイト 半地下の家族』『万引き家族』『天気の子』など、今、世界中の映画作家たちがこぞって「格差」を採り上げる理由とは？

086

公共貨幣入門

山口　薫
山口陽恵

主流派経済学やMMTの誤りを指摘し、現在の「債務貨幣」にかわる新たな貨幣システム「公共貨幣」を提唱。「公共貨幣」を取り戻せば「ゼロ成長」から脱却でき、新しい未来が開けることを論証する。

物理学者の
すごい日常

橋本幸士
Hashimoto Koji

インターナショナル新書 141

はじめに

前作『物理学者のすごい思考法』は、おかげさまで大変多くの方に服用していただきました。エッセイで埋め尽くされた本に「思考法」というタイトルということで、プラシーボ（偽薬）だと思った方もいらっしゃったようです。一方で、電車の中で笑いを堪《こら》えるのに必死だった、人前で服用しないようにしましょう、との嬉しいご感想も多くいただいています。

本作は、前作より長めのエッセイで構成しています。前作を服用し、物理学の入り口に立ってしまった方。前作なんか知らん、思考法なんて興味がないが、物理学者の日常には興味がある、という方。トイレで読むのが最適な長さのエッセイで構成された前作ではなく、電車で（クスクスを堪えながら）読むのが最適、という長さの本作を待っていた方。大変お待たせしました。お届けします。

一方、本作で物理学ワールドに初めて入られる方へ。ご安心ください。物理学者の世界は、特に危険ではありません。そう本人が言っているだけなので、信用できないかもしれませんが、僕自身は物理学者として楽しく日常を過ごしております。その楽しさを、本作で綴《つづ》りました。ただし、本作はジェネリック書籍の扱いですので、もし本作の効能がないとお感じのようでしたら、やはりジェネリックでない前作『物理学者のすごい思考法』を服用されたほうがいいかもしれません。

と、ここまで読んで、ふざけた著者だとお感じになった方もいらっしゃるでしょう。薬と本を同じものだと勘違いしているのか、と。じつは、それが物理学の入り口なのです。物理学は、類似を探究する学問であるということができます。例えば、物質の中で起こる超伝導という現象が、じつは宇宙全体で起こっているのだ、と考えた人は、南部陽一郎《なんぶよういちろう》さんです。その発見は、ノーベル賞となりました。宇宙と物質が類似の現象を持つなんて、なんとスケールの大きい「真似っこ」でしょうか。

ある不思議な現象を目にした時、僕のような物理学者は、その機構を解明してやろう、というチャレンジの気持ちになります。どうやって解明するか、その糸口は、何か似たような他の現象はないか、という発想です。

みなさん、原子の構造を学んだことがあるでしょう。真ん中に原子核があり、その周りに電子が回る丸い軌道が描かれています。これは、どこかで見たことがありますね。そう、太陽系です。太陽が中心にあり、その周りに惑星が回る丸い軌道が描かれます。そっくりですね。僕も子供の頃、この二つがそっくりであることにびっくりしました。ひょっとして、原子の中に太陽系があって、ずっと繰り返しになっているんじゃないか、そんな想像をして恐ろしくなりました。

もちろん、太陽系と原子は違います。まず、大きさが全然違いますね。詳しく言えば、太陽系を形作る重力の法則と、原子を形作る量子力学の法則は、異なります。しかし実は、原子を形作っている力は電磁気力で、電磁気力の法則は、重力の法則と同じ、逆二乗則（距離の二乗に反比例する力）の形をしているのです。似てますね、不思議ですね。

といったように、類似性をとことん突き詰めると、そこには新しい発想が潜んでいるのです。もちろん、薬と本は違いますね。しかし、それらに似た点が含まれているとしたら？　その結果も似ているのではないか？　似ているなら、一方では知られたことが、他方では知られておらず大発見になるのではないか？

こんなふうに考えれば、みなさんの周りのあらゆる日常が、「ノントリビアル（物理学者のよく使う言葉で「理由が明らかじゃない」という意味）」に見えてきます。ほら、この本もノントリビアルに見えてきたでしょう。あなたはもう、本書という薬が効き始めています。次ページからの「使用上の注意」をよく読み、用法・用量を守って正しくお使いください。

使用上の注意

1. 次の人は服用前に書店に相談してください。
①物理学によりアレルギー症状（発疹など）を起こしたことがある人。
②すでに物理学者の人。

2. 服用後、次の症状が現れた場合は副作用の可能性がありますので、直ちに服用を中止してください。
・故意に理系専門用語を多用し、周囲に白い目で見られる。
・服用前より理系嫌いが進行する。

効能

理系力の強化、理系教育、論理力の強化、理系ワードの習得、論理読み取り力の向上

用法・用量

一日一回、適量を読んでください（ただし、小児に服用させる場合には、保護者の指導監督のもとに服用させてください。なお、本書の使用開始目安年齢は生後144カ月以上です。また、本書は内服しないでください）。

成分とそのはたらき

有効成分（1ページ中）

理系専門用語（およそ1語）……理系ワードを習得します。

論理的展開（およそ1段落）……論理力を強化します。

物理学者の気持ち（およそ1段落）……物理学者の頭の中にお連れします。

＊その他、添加物として、物理学専門用語解説コラムが付属しています。

保管及び取り扱い上の注意

①本書を服用しても、必ず物理学者が作られるとは限りません。

②本書は、服用しやすいようにエッセイの形をとっています。したがって、内容と効能について、他の物理学者が本書のすべてに同意するはずはありません。一人の物理学者である著者個人の気持ちが描かれていますので、そのつもりで服用してください。

③本書は、ジェネリック書籍です。ジェネリックでないものを服用したい場合、『物理学者のすごい思考法』を服用ください。

④小児の手の届くところに保管してください。

目次

イラスト　三好愛

「学習物理学」って何？

東京からの帰りの新幹線でこれを書いている。気分はホクホクである。今日、上智大学で開催された「学習物理学討論会」で講演し、そして他の物理学者の素晴らしい講演を聴いて議論し、楽しくて仕方がない。討論会では、若手からシニアまで目を輝かせながら、新しい研究成果を語り、そして次の可能性を議論していたのだ。

この「学習物理学」というのは僕の造語で、機械学習と物理学を融合する新学術分野だ。機械学習とは、何を隠そう、AI（人工知能）の心臓部のことで、つまり「学習物理学」というのは、AIと物理学を融合する試みなのだ。これがめっぽう面白い。学術の最前線は、すごい事態になっている。面白さが広がり始めたのか、国からも学術変革領域研究として認められて予算がつき、僕が領域代表を務めている。

AIに仕事が奪われるとか、AIが世界を乗っ取るとか、そんな安直な結論に飛びついてはいけない。新しい時代が来たのだ。科学にも、社会にも、同時に。それはすごく面白いのだ。

走りまくる物理学者たち

学習物理学——「なにそれ、受験勉強のこと?」という声が聞こえてきそうだ。これは、現在国内で100名程度の議論を愛する物理学者が集結する、新興の研究コミュニティである。その誕生は6年前に遡《さかのぼ》る。ある場所で、走りまくっていた物理学者たちがいたのだ。

日本物理学会の年次大会は、全国から数千人の物理学者が集まり、各分野の講演会場に分かれて、講演を聴くスタイルで開催されている。6年前の物理学会で、ある講演会場から他の講演会場へ、僕は走っていた。素粒子論の講演会場から、統計力学の講演会場へ。そして原子核理論の講演会場へ。ある講演会場を出ようとしたとき、同じように急いで、部屋を出る物理学者がいた。その物理学者は、僕が向かった講演会場と同じ会場へ走っていた。僕はあることに気づいた。僕と一緒のタイミングで同じ経路を走っている、知らない物理学者が何人もいる。

実のところ、そのとき僕は、機械学習を物理学に適用したという趣旨の講演ばかりを聴くために、会場を巡っていた。機械学習は一つの手法であるので、それを適用する物理の対象は、まちまちなのだ。素粒子物理学に適用した研究もあれば、物性物理学に適用した研究もある。物理学会の年次大会は、それぞれの物理学ごとに講演会場が分かれているので、「機械学習」という単語で講演タイトルを検索すると、いろいろ違う会場での講演がヒットする。それらの講演をどれも聴こうとすると、必然的に、講演会場を急いでハシゴしなくてはいけなくなるのだ。

僕と同じように会場間を走っている人に、僕は話しかけた。

「機械学習の講演を聴きに走ってるんですよね？」

その夜、走った仲間が、ある飲み屋に集結した。物理学会の大会の夜は、たいてい懇親会と称した飲み会である。数千人の物理学者が一つの都市に集まるので、あらゆる飲み屋が物理学者でいっぱいになる。どの飲み屋に入っても、物理用語や数式が飛び交っているのは、本当に快適な環境である。その伝統のもとに、僕たちは新しいメンバーで集まった。のちの「学習物理学」のコア若手メンバーになる人たちと、僕は幸いにも知り合いになったのである。

聞くと、皆困っていた。ＡＩはすごい、そして物理学に革新をもたらす可能性があるから学びたいし使いたい、けれども情報がない、誰に聞いたらいいかわからない。その飲み会は、ではコミュニティを作っていきましょう、という合意で終わった。コミュニティができれば、そこで情報交換をすることができるのだ。

３カ月後、僕たちは研究会を開催した。ＡＩを物理学の問題に適用した草分けの物理学者たちの講演を聴きながら、僕は確信した。機械学習と物理学の融合、これはすごく面白い。新しい物理学だ。

新学問の誕生と、長い時間

その後、僕たちは国際会議を開催したり、学会でシンポジウムを開催したりして、仲間が仲間を呼ぶ構造ができた。コロナ禍に突入した2020年の5月に開始したオンラインセミナーシリーズには、なんと1000名を超える研究者が登録し、隔週の講演では多くの議論が飛び交った。

また、物理学の研究は国際的であり、他の国でも状況は同じであったようだ。今度は国を超えた繋《つな》がりが形成され始め、多くの国際的な研究会が組織された。僕たちの学習物理学でも、二〇二三年秋にはヨーロッパやアメリカなど多

用語解説

人工知能（中学レベルの用語）

機械学習の「機械」とはコンピュータのことです。また「学習」というのは、データを自動的に学んでその特徴を読み出したり、また予想したりすることを言います。機械が学習すること、そういったデータ解析の方法のことを、機械学習と呼んでいます。AI（人工知能）とは、外界から取り込んだ画像や音声といったデータを自動的に解析し学んで、それに対し様々な反応をする機能をもった、コンピュータプログラムのことです。機械学習は AI の心臓部です。心臓というより、脳という方が適切でしょう。機械学習は脳の構造を模したプログラムなのです。

もう少し知りたい方へ

関連する書籍［一般向け］：『ニュートン超図解新書　最強に面白い 人工知能　ディープラーニング編』（ニュートンプレス）

くの国から同胞を呼び集めた国際会議を開催し、賑《にぎ》わった。

もう「単なる楽しい趣味」ではない。新しい分野が誕生してしまった。

僕にとっての学習物理学の始まりは、唐突だった。２０１７年、僕はＡＩを学びたくて勝手に研究会を企画した。そこに、ＡＩの心臓部の機能を提案した甘《あま》利《り》俊一《しゅんいち》先生などを招いて、詳しくＡＩの動作機構を学んだ。その研究会で、ある講演者が見せた図（17ページ下図）。それにピンときてしまった。ＡＩが、僕の研究しているブラックホール（17ページ上図）にそっくりだな、と見えてしまったのだ。

その図には、オートエンコーダと呼ばれるある種の機械学習モデルが描かれていたのだが、その図が重力の量子論を取り扱うときによく用いられるブラックホールの図にそっくりだ、と感じたのだ。一旦見えてしまったら、もう、そうとしか見えなくなってしまう。

脳の機能を模したニューラルネットワークによるＡＩが、ブラックホールとそっくり？

そんなはずはないと思いながらも、周辺の研究をいろいろと調べ、学んでみた。たしかに似ている。これなら宇宙とＡＩが数学で繋がるかもしれない。

僕は、ふと思い出した。18歳の僕が大学一回生で学んだことを。それは、今は亡き素粒子物理学者である田中正《しょう》先生のゼミでのことだった。田中先生は言った。

「僕たちがアインシュタインの重力理論を美しいと思うのは、その原理である『一般座標変換不変性』が、人間が外界を認知する方法そのものだから、だよね」

大学に入ったばかりの僕は、田中正先生が何を言っているのか、全くわからなかった。その「わからなさ」がずっと心に残っていた。

「一般座標変換不変性」とは、現象が座標の取り方によらないという性質のことを言う。あらゆる物理学の現象は空間と時間の中で発生するが、例えば、空間のx、y、zの軸の選び方を変えても、現象自体は変わらないはずだ。とても自然な考えである。アインシュタインは、この原理だけから、重力の基礎方程式を導出することに成功したのだ。

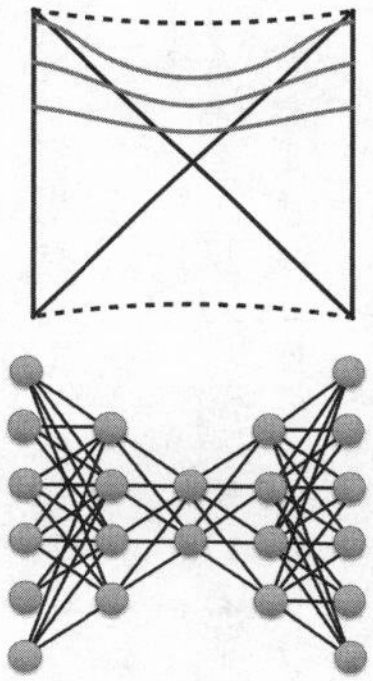
上：ブラックホールを表す図。下：AIを表す図。より正確には、上は、「AdSブラックホールのペンローズ図」と呼ばれるもので、下は「オートエンコーダ」と呼ばれる機械学習のモデルである。

僕が重力理論を使って研究し始めた20代半ば、ようやく田中正先生の言っていた意味がわかるようになった。そして、たしかにそうだ、と徐々に同意するようになった。けれども、物理学をきちんと使って、田中正先生の言ったことを納得のいく形で証明することはできないまま、年月が過ぎていった。人間の認知の方法と重力の基礎原理が、果たして関係するのか？

そして、ついに、である。２０１７年の研究会で、人間の認知を模したプログラムであるＡＩと、重力理論を繋げる橋渡しの「鍵」を、見つけた気がしたのだ！

僕は研究会に来ていた若手の研究者にアイデアを話し、皆でそのアイデアを具体化した。そして、その後数カ月かけて、重力理論とＡＩを橋渡しする論文を完成させたのだ。田中正先生が僕にあの言葉を伝えてから、25年の年月が経っていた。

振り返ってみると、こういった若い頃の「もやもや」を抱えたまま僕は研究者になって、そしてその「もやもや」を忘れたフリをして、他の研究に勤《いそ》しんでいたのだ。その「もやもや」はずっとアタマのどこか深いところの引き出しにしまってあって、時々開けてみるのだが、また閉める、これを繰り返しているのだ。25年経って、ついにその引き出しからそれを取り出すときが来た。これから、共同研究者たちとそれを磨いて、膨らませて、世界に広げていくのだ。

現在、学習物理学という新興分野にこれだけ活力ある研究者が集結しているところを見ると、僕のような、解きたい問題をずっと抱えていた人たちなのでは、と思う。ＡＩの技術的革新が進むのを横から見ていて、AIを使えば自分が長年考えてきた問題に光明が見えるかもしれない、と考えた人は少なくなかったのではないか。そう感じて、実際に手を動かして計算してみた物理学者たちが、現在の学習物理学コミュニティの中核をなしている。

学問というのは、作ろうと思って作れるわけではない。一人の学者で作られるわけでもない。たまたま、同じ気持ちを持った研究者が集まって、新しいアイデアが集結し沸騰するときに、新しい学問

用語解説

一般座標変換（大学レベルの用語）

アインシュタインの生み出した重力理論は、ある原理に基づいて方程式が導かれる形になっています。その原理とは、「一般座標変換」で方程式が変わらない、という性質です。

座標変換とは、座標の取り方を付け替えることです。物理学では、空間座標と時間座標を使って、さまざまな量を記述します。例えば、磁場が空間のどこで強いのか、など。磁場は、座標 x、y、z、t（時間）の関数として書かれます。さて、原点をどこに取るか、とか、x 軸をどっち向きにするか、軸の目盛をどういった間隔にするか、ということは、その現象を説明する際に人間が導入する物差しなので、物差しを取り替えても、現象自体は同じものであろうと考えられますね。

あらゆるやり方で座標を付け替えることを「一般座標変換」と呼びます。この原理は、一般座標変換不変性と呼ばれ、重力の基礎原理となっています。

もう少し知りたい方へ

関連する書籍［一般向け］：『重力とは何か　アインシュタインから超弦理論へ、宇宙の謎に迫る』（幻冬舎新書）大栗博司 著

が生まれる。その学問分野では、老いも若きもなく、皆ゼロのスタートからヨーイドンであり、だからこそ皆、目が輝いているのだ。

AIは物理学だった

AI、すなわち人工知能とは、人間の知能を模したコンピュータプログラムである。どれだけ人間の認知機能にコンピュータが迫れるか、そして超えられるか。そんなコンピュータの中の世界と物理学は、何の関係もなさそうに見えるかもしれない。しかし実は、深い関係があるのだ。

AIの心臓部であるニューラルネットワークとは、脳の中の神経細胞のネットワークを模して発明されたプログラムだ。プログラム中には、ニューロンと呼ばれる部分と、ニューロン同士が繋がったり切れたりする機能を模した部分が書かれている。人工ニューロンの繋がりが、記憶や認知を表す。AIとは、人間の認知に近い機能を人工ニューラルネットワークに持たせることに他ならない。人間の脳には、1千億個ものニューロンがあるとされている。それらが複雑にネットワークを形成して、記憶や認知を司《つかさど》っている。しかもそのネットワークが、外界からの信号により自発的に形成される。これを学習と呼んでいる。

一方物理学は、現実世界の現象を理解するツールとして発展してきた。ミクロには、物質は原子が並んでできている。原子でできたネットワークの上を電子が動き回り、電流が発生する。外から力を加えたり電場や磁場をかけたりすると、原子の並びや電子の運動の性質が変化し電流が流れなくなったりする。原子のネットワークによって物質は形成されている。

ニューラルネットワークとミクロの原子のネットワークが似ていることに、お気づきだろう。実際、人工ニューラルネットワークの原始的なモデルのいくつかは、物理学のモデルを用いて書かれているのだ。脳の中のニューロンが、物質の中の原子のように振る舞う、という発想が、

用語解説

ニューラルネットワーク（大学レベルの用語）

脳の中の神経細胞（ニューロン）が繋がって構成するネットワークのこと。近年では、コンピュータ上でのプログラムで機械学習が行えるようなネットワーク構造のプログラムのことをニューラルネットワークと呼んでいます。以前には「人工」ニューラルネットワークと呼んでいましたが、今は「人工」とわざわざつけなくなりました。AI の機能に応じて、さまざまなニューラルネットワークが開発されています。その構造は、実際の脳神経とは似て非なるものとなっていますが、機能は人間の能力を遙かに超えるものも多くなっています。

もう少し知りたい方へ

関連する書籍［大学生以上向け］：『ディープラーニングと物理学』（講談社サイエンティフィク）田中章詞、富谷昭夫、橋本幸士 著

すでに半世紀以上前に試されており、それがAI研究の始まりの一つとなったのである。

もちろん、通常の物質と脳は全く違う。例えば、原子の大きさは10のマイナス10乗メートルであるが、ニューロンはその10万倍も大きい。しかし、原子の物理学は、もともと目に見えない原子を仮定して、それが多数集まって繋がることで物質の多様な性質が説明される、という歴史の中で生まれてきた。脳の機能を説明するのに、「脳の原子」であるニューロンの繋がりが重要であるのだから、AIを物理学で考えることは、自然なことなのだ。目で見えないものを見えるように解明してきた物理学を脳に適用したのが、AIの始まりだった、とも言えるのである。

AIと物理学が混ざり始めている

現在はAIの革命期であるが、それを牽引《けんいん》しているのは「生成模型」と呼ばれるAIである。学習した知識を応用して、世の中に存在しなかった情報を生成する生成模型は、すでに幅広く使われている。AIが絵を描いてくれたり、しゃべったりするのは、生成模型が使われているからである。

絵を描くAIの中には、物理学が鎮座している。これは「拡散模型」と呼ばれる生成模型だ。拡散とは、固まっていたモノが徐々に広がっていく過程を指す物理学用語である。拡散する過程は、ノイズを含む方程式で記述される。このノイズのおかげで、AIは、世の中に存在している絵のデータで学習したのに、世の中に存在しない絵を描くことができるようになるのだ。

このように、歴史的なAIの研究の始まりだけでなく、ごく最近のAIの発展自体にも、物理学が本質的な部分で利用されている。

一方で、AIの研究の進展を物理学に適用し、物理学の問題を解くようにできないか？これが、僕たちがスタートさせた「学習物理学」である。

物理学のある分野では、AIを用いることにより、すでにブレークスルーがあった。物理学では法則は微分方程式で書かれるが、その方程式は非常に複雑であるため、解くのが困難である。AIに使用されるニューラルネットワークは、非常に難しい関数でも、学習により最適なものを選び出すことができる。そこで、物理学で解きたい方程式を、AIに解かせるのだ。

実際、物理学者が必死にコンピュータを利用して解いてきた方程式が、AIの利用により簡単に解けた、という事例が多数報告され始めている。囲碁で世界チャンピオンがAI

に負けたというニュースが随分前に流れたが、物理学でも、物理学者が創意工夫で解いてきた方程式が、より高い精度でＡＩにより解かれ始めているのである。

物理学者はＡＩに職を奪われるのか

では、物理学者はもう解く方程式がなくなって、ＡＩのせいで職をなくすことになるのだろうか？

答えは「ノー」である。物理学者は、より創造的な仕事をすることができるようになるのだ。

このことは、歴史を振り返れば明らかである。１９８０年代、スーパーコンピュータが作られて研究に利用され、ある種の物理学の方程式は、手で計算をしなくてもよくなった。また１９９０年代、科学者個人がパソコンを持てるようになって、ほとんどすべての科学者が、計算をパソコンで行えるようになった。ではそれで、物理学者はいなくなったのだろうか？

その後に起こったことは、「計算物理学」という学問分野が勃興《ぼっこう》したということだ。それまでの物理学では、「理論」と「実験」の両輪が学問と研究を形成していた。そこにコンピュータが現れて、「計算」という第三の軸が誕生したのだ。実際に実験機器で実験をしなくても計算で確認ができたり、また、仮想的な状況を理論で考えるときにも、計算と照らし合わせることができたりする。実験を開始する前に計算でシミュレーションができる。計算は物理学の新しい軸となり、多くの物理学者が参加する巨大な領域となったのだ。

では、ＡＩはどうだろう？　もちろん、その答はまだ、誰も知らない。しかし、歴史が教えるところからの推察は、誰の目にも明らかなのではないか。ＡＩは物理学における第四の軸とも言えるし、計算物理学の進化形であるとも言える。新しい分野である学習物理学が勃興し、物理学の研究全体が、ＡＩと協調的に進んでいく形になっていくのでは、と僕は考えている。

このようなパラダイムシフトは、物理学では過去に何度も起こってきた。それは、実験技術の革新やコンピュータ技術の革新と連動していることが多い。僕の専門としている素粒子物理学において最もエキサイティングな出来事は、新しい素粒子が実験で発見されることである。最近では、２０１2年のヒッグス粒子の発見である。

僕が学生の頃、教授がよく漏らしていたことの一つに、１９５０年代から60年代はすごかったらしい、という話がある。その頃は、技術革新により新しい粒子加速器が続々と作られ、それによって毎週のように新しい種類の粒子が見つかっていたらしい。その時代は、素粒子物理学の黄金時代と呼ばれている。

この黄金時代の後、理論の発見が相次ぎ、多数の粒子が説明されていく。そして人類は、素粒子標準模型に到達したのだ。

一方、今現在ＡＩが黄金時代であるのは、間違いないだろう。２００６年の深層学習の成功から、２０１５年の拡散モデル、そして２０２３年の大規模言語モデル、これらは社会全体に著しい影響を与えた革命であり、革命期は依然、続いている。１９５０年代に生まれたＡＩ研究は、コンピュータの技術革新により、ついに最大の革命期を迎えたのである。

この新しい技術革命は、コンピュータや数理を通じてあらゆる科学に繋がり、それぞれの分野でパラダイムシフトを起こす可能性が高い。分子生物学のタンパク質構造解析など、すでにそれが起こってしまった分野もある。技術革新は、黎明期《れいめい》が一番楽しい。新しい現象であふれている。

それを理解するために、理論、そして物理学はあるのだ。

物理学者のすごい日常

今日も、僕は友達と物理の議論をしている。楽しい。楽しすぎる。友達というのは、大学院生や共同研究者のことである。つまり、研究の同僚である。

ある大学院生が、急にアイデアを話し始める。僕もそこにアイデアを重ねる。すると隣にいる大学院生が次の解釈を口にし始める。こうして、僕が思いもしなかった方向に、研究が進み始める。

共同研究者が、アイデアを形にした計算ノートを持ってきて、黒板で詳細に説明し始める。わからないところを何百回も質問する。自分も黒板に書き足す。こうして、アイデアが数式に変わり、具体化していく。

いくつものアイデアが生まれ、そして消えていく。しつ

学習物理学の国際会議での一枚。2023年11月、京都大学にて。左端が筆者。

こく残るアイデアがある。数式の検証を経ても、矛盾なく残っている。そういった概念を、丁寧に、論文の形に整形する。言葉一つをとっても、それぞれの共同研究者には思い入れがあるので、その調整には苦労が伴う。最終的には、共同研究者の皆が納得した形の文章に整えられていく。

完成した論文は即時世界公開して、それを読んだ世界中の知らない研究者からどんどん連絡が来る。一つ一つ、共同研究者と相談して、回答する。新しいアイデアが見知らぬ研究者から寄せられることもある。論文を見た他の研究者から講演に呼ばれ、熱気ほとばしる口調で自分の研究の楽しさを語る。聴いている研究者から、本質的な批判や、新しい方向性をどんどん告げられる。激しい議論になる。そして、新しい研究の芽が生まれる。世界で、人類で、僕たちだけがこの発見を知っている、そしてそれを生んだのは僕たちなのだ。このゾクゾク感が、本当にたまらない。

新しいアイデアが生まれ、それが実現していく。自分もそれに参加し、育て、繋がっていく。

これが、物理学だ。

（2024年3月）

天候を攻略する

お天気屋、とは気分が変わりやすい人のことだが、それほど「天気」は予想が難しいものなのだ。天気は気象の状態である。晴れは太陽のせいであり、雨が降るのも重力のためだ。従って、天気は科学であり、その中で物理学の要素も多い。しかも、天気予報は人々の生活に関わる重要な科学であるから、一介の物理学者である僕が、天気にどのように挑んでいるかを記すのも、価値がないわけではあるまい。そこでここに、失敗談を披露することを恐れずに、個人的に天候をどう攻略しようと試みて失敗したかを述べてみよう。

京都の地獄時刻

夏の京都では、朝夕でも、外出するのを避けた方が良い時間帯がある。「30分間の地獄時刻」だ。例えば7月初旬なら、8時15分から8時45分の間と、15時15分から15時45分の間だ。9月初旬なら、17時から17時30分の間だ。なぜ「地獄」なのか？　それは、日陰がないからだ。

夏の京都に来るとすぐに気づくのだが、日陰がない。照りつける日光が、じわじわと自分を苦しめる。歩く一歩一歩が重くなる。

もちろん、お昼に日陰がないのは、西日本のどの場所でも同じであり、珍しいことではない。太陽が昼にはほぼ真上に来るため、道を歩いていても、家やビルの影がない。西日本では太陽の南中高度（つまり太陽が真南に来た時の位置を、水平から測った角度）が80度ほどに達するため、ほぼ頭上に太陽が来ることになる。だから日陰がないのだ。しかし、お昼ではなく朝夕だと、太陽は比較的低いため、日陰ができる。日陰を通って歩けば、それほど暑くない。また、日陰の多い通りを選んで歩けば、より快適である。

しかし、京都だけは事情が特別である。朝夕も危険なのだ。これは、京都の街が方眼紙のように東西南北に対して厳密に作られているからだ。朝夕、先ほど述べた時間帯になると、京都の東西方向のすべての道路で、日陰が消失する。太陽が真東、もしくは真西に位置するからである。

京都の街は碁盤の目のようになっているため、例えば自宅から勤務地まで歩く場合、方眼紙の線に沿って進むしかない。すると、「最も近い道」は1通りではない。例えば、京都の東西をX軸、南北をY軸として、座標系を導入しよう。自宅の座標を原点とし、勤務地の座標を（5、4）としよう。これは、勤務地が自宅から見て東に5ブロック、北に4ブロック進んだところにあるという意味である。自宅から勤務地までの最短コースが何通りあるか答えよ、という問題は、中学入試の算数や高校入試の数学でもよくとりあげられる。答は126通りであるが、その計算方法は読者に任せよう。問題はそこではない。126通りの行き方があるのに、そのすべての場合において、東向きの道を結局5ブロック分は歩かなくてはいけないということだ。その5ブロック分の道には、日陰がない。

京都でなければ、東西南北の碁盤の目ではないから、例えば北東へ向かう道があったりするだろう。それなら、自分の通勤時間帯に日陰がある道を選ぶことができよう。しかし京都においては、126通りの行き方すべてが最短コースであり、そしてそのどれも、日陰がない道を同じだけ含んでいる。

僕は大学生、そして大学院生からポスドク研究員の時代まで、9年半を京都で過ごした。夏は暑さにやられていた記憶しかない。もちろん、大学院生の時は楽であった。単に、その30分間を避けて通学時間を設定すれば良かった。しかし遠方から通学していた大学生時代は辛かった。1限の講義に間に合うためには、必ず出町柳《でまちやなぎ》駅から京大北部構内への真っ直ぐ東向きの道を、午前9時少し前に歩かなくてはならなかった。

地獄時刻に相当していたその時間帯。日陰は、電信柱のものしかなかった。電信柱の影をひたすら辿《たど》って歩く。電線の影も利用した。電線は高々《たかだか》太さ3センチメートルほどの非常に細長い影であったが、その上を踏んで歩くことで、なんとなく得をした気分になった。

実際は、得なんてしていなかっただろう。電線を辿ったりすると、結局ぐにゃぐにゃ歩くことになり、歩数が余計にかかるため、灼熱《しゃくねつ》の道路を歩く合計時間は延びていたはずだからだ。しかし、人間は感覚の生き物である。精神世界に安心を求めるほどの灼熱苦行の中に置かれた僕は、電線の細い影を踏んで歩くような精神状態に突入していた。

そんな学生時代からしばらく経って、京大に教員として赴任した今、その地獄をまた味わうことになったのである。

計算すれば、快適

もちろん僕は物理学者なのだから、太陽

用語解説

太陽の方位（小学校理科レベルの用語）

太陽は東から上り西に沈む、と教わりますが、実際に真東から上り真西に沈むのは春分と秋分の日だけであり、それ以外の日には、少しずれています。例えば、夏には東西よりも少し北側にずれた方向から太陽は上り、沈みます。従って、太陽がちょうど真東に来る時刻は、一般に、日の出の時刻ではないのです。冬には、真東に来ることは一切ありません。

こういったデータは、『理科年表』に掲載されています。『理科年表』は、それをめくるだけで大変楽しいデータ集です。気候、環境、生物、天文、といったあらゆるデータが、説明付きで掲載されています。眺めつつ夜長を過ごしてみましょう。

もう少し知りたい方へ

関連する書籍［データ好きの方向け］：『理科年表』（丸善出版）国立天文台 編

の動きは知り尽くしている。そこで、京都の夏の非外出推奨時間帯を計算することにしたのだ。それが、冒頭の地獄時刻メモである。

興味ある読者のために、時刻の計算方法を記しておこう。計算は単純だ。理科年表などから、太陽の方位が真東や真西から2度の範囲にある時刻を抜き出すだけである。2度、という数字は季節による値であり、また道が大通りかどうかにもよる値である。これは、建物の日陰の幅が、人間が歩くことができる70センチメートルほどになることを想定して算出できる。

京都では大通りだけ、建物の高さ規制が緩和されているため、高いビルが並んでいる。高いビルの日陰は伸びやすくなり、この値は小さくなる。一方、裏通りではせいぜい二階建ての家が並ぶだけであり、日陰が伸びないので、値は大きくなり5度ほどになる。値が小さいほど、太陽の方向がその範囲に入っている時間は短いため、快適である。冒頭のメモの時刻は大通りを想定している。

物理学を用いることで、僕は快適な生活を送ることができる。なんと素晴らしいことだ。しかもこの話をすると、喜んでもらえる。京都市は地獄時刻をホームページに掲載し、それを避けるような通勤時刻になるよう、勤務時間のシフトを企業に促すのが良いかもしれ

地獄時刻における京都の南北の通りを東西の通りとの交差点から望む。東西は地獄だが南北は天国であることがわかる（著者撮影）。

ない。

碁盤の目の街といえば、京都に加えて、札幌や奈良もそうである。もちろん、札幌はそもそも夏でも暑くないので、本稿の対象外だ。一方、奈良では「ならまち」近辺が碁盤の目ではあるが、京都市街に比べて規模が小さく、またアーケードもある。この意味で、国内では京都が特殊であろう。

海外の大都市ではニューヨークが良い例となる。マンハッタンの超高層ビルの日陰は通常、縦横無尽に伸びているが、面白いことに、1年のうちのある2日だけ、東西のどの通りからでも夕陽が沈むのを見ることができる。この日はマンハッタン・ヘンジと呼ばれている。ニューヨークの碁盤の目は東西南北からずれているため、これは正確な春分・秋分の日ではないから、旅行でニューヨークを訪れてマンハッタン・ヘンジを見たければ、あらかじめ調べておいた方がいいだろう。ところで、京都の地獄時間は、そんな特殊な日のことを言っているのではない。夏の毎日のことなのである。

言っておくが、僕は京都の街が好きだ。目的地まで通うのに、126通りも最短経路があるなんて、1日に1通りずつ、平日に毎日試しても半年は楽しめる。僕の自宅から大学までなら、綺麗《きれい》な碁盤の目の部分だけで数えても、場合の数が2002通りになるから、

8年も毎日楽しめてしまう。

それに、街には時刻時刻に応じていろんな顔がある。日陰が消える前に打ち水をしている、町家住まいのおじさん。西日が入らないように簾《すだれ》を下ろすおばあちゃん。灼熱地獄から逃れて喫茶店で汗を拭うスーツ姿のお兄さん。暑そうな法《ほう》衣《え》を着て修行のように足早に歩くお寺さん（お坊さん）。

日陰を歩く僕には、それを眺めてニヤリとする余裕が、ある。

雨に濡れない方法？

灼熱の日光も嫌いだが、雨も嫌いだ。本を読みながら外を歩くことなどできない。

僕は大学生の頃、大阪から京都に通学してい

用語解説

場合の数（小学校算数レベルの用語）

与えられた状況において、何通りの組み合わせ方法があるか、という数を「場合の数」と呼びます。場合の数など、実際の生活で使う場面は少ないと思うかもしれませんが、実は大事です。料理の素材の種類が限られている時、組み合わせが何通りあるかを考えれば、次に買うべき素材が想像できるかもしれません。商売でも、アイテムを組み合わせて販売するなら、場合の数が必要でしょう。また、全体の場合の数がわかれば、今の自分の状況が、確率としてレアなのかがわかります。

このように、場合の数は日常にあふれているものなのです。

もう少し知りたい方へ

関連する書籍[高校生以上向け]：『ウェルズ 数理パズル 358　思考力を鍛える実践トレーニング』（丸善出版）D. ウェルズ 著、宮崎興二 監訳、日野雅之 訳

た。大阪を出る時に雨が降っていなくても、京都の出町柳駅に着いたら雨が降っている、ということが頻繁にあった。傘を持っていない。出町柳駅の出口で立ち尽くす。他の人は皆、傘を持って歩き出している。

もちろん、天気予報を見ずに家を出た僕が悪いのだ。中学の頃に「気象部」に所属していたプライドからか、空を見るだけで今日は雨が降るかどうかを予想していたのが仇《あだ》になった。結局僕が覚えていたのは「鰯《いわし》雲を見たら天気は下り坂」という豆知識だけで、体系的な知識を持っていなかったのである。

出町柳駅の出口で、僕は雨を恨めしく眺めながら、考え始めた。大学へはいずれにしても行かねばならない。バス代を払うほどのお金は無い。ならば、傘をささずに徒歩で大学に行くのに、最も濡れずに行ける方法はなんだろうか。

そういえば、終端速度《しゅうたんそくど》という概念を学んだんだった。重力中で落下する物体は、最終的に終端速度に達して、一定の速度で落下する。ということは、雨粒も一定の速度で落下しているに違いない。雨粒の終端速度の大きさと同じ速さで自分が歩いたとして、もし自分の体を前方45度に傾ければ、雨には一滴も当たらないはずである！

僕はこの天才的な発想に自分で感嘆した。ふははは、物理学は無敵だ！

しかし、すぐに僕は我に返った。そもそも雨粒の終端速度がわからなければ、どうしようもないではないか。終端速度を計算するには、雨粒が受ける空気抵抗を知る必要があり、それには空気という気体の粘性が問題になるから、空気の粘性係数を知っていなければならない。その値は、全く覚えていない……。

だが、そんなことでは物理学徒の名が廃《すた》る。僕は、2センチメートルほどの雹《ひょう》が車のボディをボコボコにしてしまったというニュースを思い出した。あれは人間に当たったら負傷者が出るレベルである。すなわち時速30キロメートルは出ているであろう。一方、今の雨粒はどのくらいの大きさだろうか。手を広げ、雨をすくってみると、直径2ミリメートルくらいに見える。

用語解説

終端速度（高校物理基礎レベルの用語）

物体が落下する際に、抵抗を受けると、最終的にある一定の速さで落下する状況に達します。この速さのことを終端速度と呼びます。抵抗は、その速さや断面積にも依存しますし、空気の中を落ちるのか、それとも水の中を落ちるのか、で全く大きさも異なります。雨、とひと言で言っても、いろいろな終端速度を持っていることでしょう。

雨ではなく霧や雪なら、さらに複雑な計算によって終端速度を求めなくてはいけないでしょう。天候というものは、思ったより複雑なもののようです。物理学者・中谷宇吉郎《なかやうきちろう》が、雪の研究に没頭したのも、頷《うなず》けることです。

もう少し知りたい方へ

関連する書籍[一般向け]：『中谷宇吉郎随筆集』（岩波文庫）中谷宇吉郎 著

ということは、2センチの雹の、10分の1の半径だ。さて、重力は雨粒の半径の3乗に比例し、一方、空気抵抗は雨粒の半径の2乗と、雨粒の速さの2乗に比例している。これらが釣り合うのが終端速度であるから、結局、終端速度は半径の2分の1乗に比例する、とわかる。先の計算だと、半径は10分の1になっているから、終端速度は雹の3分の1ほど、つまり時速10キロメートルほど、と推測される。

すると、先ほどの自分の発見によれば、時速10キロメートルで体を45度に前傾して移動すれば、体は全く濡れないという計算になる。

僕はホッとした。これなら、人間の到達できる速さだ。史上最速の人間は、時速40キロメートル程度である。自分なら頑張れば時速10キロメートルで移動できるかもしれない。

しかし、時速10キロメートル、つまり結構な速さで大学まで走り続けるのは、辛い。しかも、もし先ほどの雹の終端速度の評価が2倍間違っていたとして、時速60キロメートルだったとすれば、もう、お手上げである。ダメか……。

雨に濡れない方法の実践

そのとき、僕にもう一つのヒラメキが舞い降りた。何も45度に前傾する必要はないのだ。

雨の終端速度をv、自分の速さをwとすればw／vが正接（tan）になるような角度で前傾すれば、同じことが従うのである。

ということは、実際の雨粒の終端速度が若干計算間違いであったとしても、走り始めた後に自分の前傾の角度を微調整すれば、雨が体に当たらないようにすることができるはずである。

準備は整った。僕は濡れないのだ。なぜ人生で今まで僕はこのことに気づかなかったのか。自分を恥じると同時に、物理学の偉大さに感動を覚えた。

自分の計算を反芻《はんすう》した。特に間違ってはいないようだ。反芻しているとき、重要なことに気づいた。自分の速さが普通にいつも歩く速さであっても、前傾の角度を先の公式で計算すれば、全く濡れないのではないか。普通僕は時速4キロメートルで歩くので、正接が4／10に一致するような体の角度で歩けば、適切である。これは角度でいうと、20度くらいだ。

舞台は整った。僕は深呼吸し、体を前に20度傾け、駅から歩き始めた。

それからおよそ20分後。大学の講義室に着いた頃、僕は頭からずぶ濡れになっていた。

友人たちが言う。「なんで走っててけえへんかってん?」

僕は自分の理論を精査し始めた。そう、自分の体が無限に薄い平面であると仮定していたところが間違っていた。本当は人間の体には厚みがあるので、上面にも雨が当たる。その量は、移動にかける時間が長ければ長いほど、多くなるのだ。すなわち、移動時間を極小にすることが、最も濡れずに移動する方法だったのだ。

僕を嘲笑《あざわら》う友人を見て、僕は自分のことを誇りに感じた。そう、常識を疑い、自分で仮説を立て、検証する。大学で講義を受けるよりも大事な経験をした、と思ったからだった。

傘を持たずに生きる

学生時代のこの経験から、僕は「濡れずにどこまで行けるか」ということに非常にこだわるようになってしまった。最近ではスマホで簡単に、雨雲の分布や移動予想、天気図までリアルタイムで手に入る。こまめにチェックをし、傘をなるべく持たずに移動できる時間帯に合わせて、自分の行動を調整する。自分の予想通り、晴れ間を縫って移動できた時の爽快感は素晴らしい。

ある時僕は、京都から東京へ出張する時に、自宅から最寄り駅近くまでの200メートルだけ我慢すれば、東京の目的地まで全く傘をさすことなく到達できることに気づいた。

つまり、200メートルの往復の部分を移動する時にだけ雨が止んでいれば、東京への出張に傘を持っていかなくて良いのである。これには、非常に逡巡《しゅんじゅん》した。200メートルなら、走れば1分ほどだろう。小雨でもなんとかなるのではないか。結局、傘を持たずに出発して、行きは大丈夫だったものの、出張の帰りは土砂降りだったので、見事に濡れきってしまった。

同様なことが海外出張でも言えることに、僕は気がついた。カリフォルニアへの出張である。カリフォルニアに着いてしまえば、ほぼ砂漠のような気候なので、傘は全く必要ない。だから、この出張で傘が必要なのは、わずか、自宅から最寄り駅までの徒歩往復部分だけなのである！　いやはや、屋根の下だけを通って地球の裏側にまで行けるとは、なんと便利な世の中だ。

MIT（マサチューセッツ工科大学）は僕のような理系人間が集結している大学であるが、キャンパス内を濡れずに移動する方法が確立されていて、感心した。キャンパスの主要な建物がほぼ全て、地下道で繋がっているのである。しかし整備された地下道ではないので、かなり迷う。ところどころに案内板らしき矢印が書かれている。まるでダンジョンだ。

MITのあるアメリカ・ボストンの街は、冬の寒さが非常に厳しい。キャンパスの隣を流れるチャールズ川が凍るほどである。そんな寒い冬でもキャンパス内を自由に移動できるよう、地下道が徐々に繋げられてできたものらしい。なんとかして濡れずに移動する方法を作っちゃおう、という心意気に、非常に共感する。

残念ながら、ＭＩＴの地下鉄最寄り駅の出口からＭＩＴのキャンパスまでは、外を数十メートルだけ歩かねばならない。そのため、僕が日本の自宅の最寄り駅からＭＩＴの研究所まで濡れずに行くのには、その数十メートルの部分のリスクがある。ＭＩＴなのだから、地下鉄駅とキャンパスがそのうち直結するだろう。それを楽しみにしている。

天候はカオス

そもそも、人間が屋根を作るのは、天候が予想できない、そしてコントロールできないからであろう。もし人類が天候をコントロールできたなら、家の屋根は必要ないかもしれない。コントロールは難しくても、天気を簡単に予想できれば、屋根や日陰を選びながら生活しなくてもいいのだ。

残念なことに、天気は予想しにくいものだということをすでに科学が証明している、ということを知っておくのは大事だろう。

古典物理学では、法則を表す方程式があり、ある時刻の状態を表す数値をそこに代入すれば、未来の状態の数値がわかる。これを決定論的方程式と呼んでいる。天候の変化を表す方程式は、基本的には流体の方程式であり、地球上の空気の動きが天候を決めている。地球上のすべての場所と高度で、大気の状態すなわち気温や風の強さと向き、気圧や湿度が、ある時刻においてわかれば、それを方程式に代入することで、未来の大気の状態が予測できる。コンピュータによる計算科学がここまで進展した現在では、未来の天気はいくらでも精度良く計算できるはずだ、と考えてしまうのは自然だろう。

しかし、科学は思わぬ向きに発展している。それは、いくら決定論的な方程式であっても、

用語解説

カオス理論（大学物理基礎レベルの用語）

決定論的力学系において、初期値の小さなズレに対してその後の運動が鋭敏な振る舞いを示す系のことをカオス系と呼びます。ボールを上から落とすような場合の方程式はカオスではありませんが、紙を1枚ひらひらと落とすような場合の方程式はカオスです。未来を予測するのが難しいのです。実は、ほとんど全ての物理システムはカオスです。ポアンカレは20世紀の初めに、3つの天体の間に重力が作用するという簡単なシステムでも予測が困難であることを指摘しました。人間が現象を「理解する」というのは、カオスではないと見つけたときのことを指すのではないか、とも思ったりします。

もう少し知りたい方へ

関連する書籍［一般向け］：『カオスの紡ぐ夢の中で』（ハヤカワ文庫NF）金子邦彦 著

未来を精度良く予想できないような方程式があるということだ。これをカオス理論と呼ぶ。このような方程式では、初期の条件をいくら精度良く決めても、予想の誤差が時間の指数関数として増えてしまう。すなわち、予想が非常に困難な方程式なのである。

ＭＩＴの気象学者だったローレンツは１９６０年代に、天候の変化を支配する方程式がカオスであることを突き止め、「ブラジルで一匹の蝶が羽ばたくと、テキサスで竜巻が起きる」と喩えた。これは「バタフライ効果」として知られている。

つまり、天気を予想するという科学の問題は、カオス理論によって、非常に難しい問題であることがすでに判明しているのだ。予想の複雑ささえも理論的に解明してしまう人類の科学力には、恐ろしささえ感じる。

カオスにもかかわらず、気象庁の天気予報の適中率は徐々に向上しており、半世紀前はおよそ7割であったのが、現在はおよそ8割となっているという。しかし残念ながら、これが10割になる日は永久にやってこない。

天候と付き合う愉しみ

いったんカオス理論を学んでしまえば、天候を攻略するなんてほとんど不可能である、

イギリス、エジンバラの空にかかる「シマシマの雲」。雨が降ったり止んだりするのを繰り返す理由がこれでわかった。

Alamy Stock Photo / amanaimages

と感じてしまう。落胆させるほど楽しい、素晴らしい理論なのだ。では、物理学者はカオス理論を学んでニヤニヤしつつ、雨でびしょ濡れになるだけの人生なのだろうか。

イギリスのエジンバラに行った時のことだ。街を歩いていたら、空模様が怪しくなってきた。僕は傘を持っていたので安心して歩いていたのだが、ふと周りを見ると、誰も傘を持っていない。はて、雨は降らないのかな、と思っていたら、案の定、雨が降り始めた。周りの人は、近くの軒や店に入り、雨宿りをし始めた。

僕は得意げに傘をさし、街を歩きながら、雨宿りをしている人たちを眺めた。みな僕のことを羨ましがっているだろう、と想像したのだ。しかし、どうもそうではない。雨宿りしている人は非常に多いけれど、誰も特に困っているように見えないのだ。

すぐに雨が上がった。雨宿りしていた人たちは一斉に道路へ出て移動し始めた。僕は腑《ふ》に落ちなかった。そんなふうに街を眺めているうち、また雨が降り出し、そして人々は雨宿りをし、そして雨が止み、人々は道路へ繰り出した。それが何回も繰り返される。そうか、街の人々は、雨がすぐに止むことをあらかじめ知っているのか？

帰りの飛行機でエジンバラ上空から見下ろすと、すぐに理由がわかった。雨雲が美しく、シマシマに伸びているのだ。こんな雨雲が来たら、地上では降ったり止んだりを繰り返すに違いない。

僕はその非常に美しい雲を眺めながら、思った。傘を持たないのは、知恵なのだと。その土地の気候を良く知れば、雨などの克服は容易なのだ、と。そして僕の思考は、なぜシマシマの雲が生成されるのか、の物理学的な理由を探しに、遙か上空へと昇っていった。

（2022年9月）

父の他界

父が他界した。母の誕生日だった。ちょうど一週間前のことだった。

父は僕の著書『物理学者のすごい思考法』を大変喜んでくれていた。息子が日常生活で感じたことが忠実に書かれていたためだろう。新型コロナウイルスの感染拡大が起こる前は、僕の講演会などをよく聴きに来てくれていたが、そんな講演会での物理学の説明よりも、物理学者としての僕の日常を知ることのできるエッセイを、父は楽しんでくれた。葬式の後、ふと見た父の机の上には、『物理学者のすごい思考法』の新聞広告が綺麗に切り抜かれて、父の字でその新聞の日にちが記されたまま、置かれてあった。

一週間経っても、まだひとりでに涙が頬を伝う。そんな中で筆をとるのは不謹慎かもしれない。しかし父が僕のエッセイを好きだったのだから、父が死んだことを物理学者としての僕がどう感じたかを、ここにエッセイとして記すことで、父への手向《たむ》けにしたい。

一人の人間のちっぽけさと宇宙

肉親が急に世を去ったことの辛さは経験したものにしかわからない、とはよく言ったものだ。僕も今、父がいない悲しみをどう処理して良いかわからない。

しかし、こういった人間関係の消滅という困難、ひいては一般的な人間の「悩み」への対処法として、僕は日頃の講演会でよくこう言っていた。

「人間の悩みなんて、宇宙の大きさに比べたらちっぽけなもんですよ」

実のところ、自分の人生において、僕はこの考え方に助けられてきた。だからこそ、自分の講演会でそんなことを話していたのである。宇宙全体に満ちる素粒子、そのほんの一部として自分の人体という物質があり、物質としての自分が考え悩むことは、この宇宙全体の素粒子の活動に比して、いかにちっぽけなものであるか。

宇宙全体の素粒子の数を見積もるのは難しいが、原子核を構成する陽子・中性子の数でいえば、宇宙全体にはおよそ10の80乗個あると考えられている。一方、人体を構成する陽子・中性子の数は、体重を70キログ

用語解説

モル（中学/高校理科レベルの用語）

モルとは個数の単位で、6.02214076×10の23乗個のことを指します。とても大きな数です。例えば水は水の分子がたくさん集まってできていますが、水の分子が1モル集まるとおよそ18グラムの水になります。つまり、原子や分子といったミクロの世界と、1グラムといった人間の日常世界の間を繋ぐかけ算が、モルという個数単位なのです。

もう少し知りたい方へ

関連する書籍［中高生以上向け］：『新しい1キログラムの測り方 科学が進めば単位が変わる』（講談社ブルーバックス）臼田 孝 著

ラムとすれば、水素でいえば10の5乗モル、すなわち水素原子核である陽子の数でいえば10の28乗個程度である。これは非常に大きな数に見えるが、宇宙全体の陽子・中性子の数に比べれば、50桁以上も小さい数字である。

つまり、宇宙全体の活動に比べると、一人の人間の活動はその10の50乗分の1よりも小さい。小数点以下、ゼロが50個も続くほど、とるに足りない大きさなのである。

悩みがある時、僕はこの考え方に従って、なんて自分の悩みはちっぽけなんだろう、と考えることにしていた。それが僕の小さな人生を少しずつ救っていた。

この考えは、父が他界した時、恐ろしく威力を発揮した。父が目の前で息を引き取った時、とてつもない無力感が僕を覆った。そこから僕を少しだけ引き出してくれたのは、そもそも人間は宇宙の10の50乗分の1ほども無力であるという、物理学の教えであった。

もちろん、人間には生きる価値がない、という意味で救われたのではない。人間には自分の力ではどうしようもないことがあるのだ、宇宙のように。

精神と物質

父の死後二日目、火葬があった。

その前日の父は、冷たくなって葬儀場で横になっていた。深夜、僕は傍《かたわ》らに座りながら、父の好きなビールを飲んだ。僕は自然と父に語りかけていた。つまり、冷たくなってしまった父を生きた人間として扱っていた。

火葬され、骨揚《こつあ》げの時となった。炉前《ろぜん》に出てきたのは、もはや父の姿をしておらず、大小の白い骨であった。

僕はそれを見て思った。やはり人間は物質だったのだ、と。父ですら、物質だったのだ、と。

物理学的にはわかりきったことなのだ。人間も動物も全て物質である。僕は物理学者を二〇年以上もやってきて、そのことを理解していたと思っていた。しかし、そうではなかった。本当の意味で人間が物質であると僕が理解したのは、父の骨を見た瞬間だった。

父の骨を一つ一つ拾う家族の姿を僕は後ろで睨《にら》むように眺めていた。骨はしゃべらない。動かない。実験室で見たことがある白い塊だった。それは完全に、物質だった。

「お父さんはどこに行ったのかな」

家族は口々にそう言った。今頃は三途《さんず》の川を渡っているかもしれない、とお寺の住職さんは言う。その辺の空から見てるよ、と言う人もいる。

それは、嘘である。

僕はわかっている。父や自分を含む全ての人間は物質であり、こうやってしゃべったり書いたりしている自分の精神というものは全て、人間の脳の電気活動に過ぎないということを。父の精神は、父の脳のニューラルネットワークにあった。そしてその脳は、火葬により失われた。

精神は物質でできており、そしてそれは、物質であるがために、物理学という自然の摂理により失われる。

葬式の二日後、僕は父のニューラルネットワークがどのくらいの情報を持っていたのかを知りたくなり、計算をしてみた。父の死後、初めての物理学の計算が、父の脳の情報量の計算であった。

人間の大脳新皮質にはおよそ100億個の神経細胞があるとされている。そしてそれぞれの神経細胞にはおよそ1万個のシナプスがあるそうだ。シナプスは、一つの神経細胞を他の神経細胞と繋ぐ組織であり、これが電気信号を神経細胞から神経細胞へ伝えていく。繋がった神経細胞とシナプスの総体をニューラルネットワークと呼ぶ。繋がり方が人や動物によって全て異なるため、それぞれの人間個体はその活動に個性を持つ。

１００億個の神経細胞がそれぞれ1万個の「相手」を選びうるという最も単純な仮定のもとでは、神経細胞の繋がり方の全ての場合の数は10の１００兆乗通り、となる。この全てが人格や個性の形成には関わっていないとしても、場合の数は非常に大きな数であることがわかる。10の１００兆乗通りの中の一つが父なりの組み合わせであり、それが父の脳の中にあったはずだ。脳の状態を表す場合の数は大きく、脳は多彩であり、人間を人間たらしめている。そしてそれは、父の死と火葬によって消去された。

物理学的な情報理論によると、情報を消去するにはエネルギーが必要である。これをランダウアーの原理という。場合の数が10の１００兆乗通りある脳の情報を消去するのに必要な最小のエネルル

用語解説

ランダウアーの原理（大学院物理レベルの用語）

情報を消去するためにはエネルギーが必要であり、その最小エネルギーの公式を与える原理のことをいいます。「情報」というと、ネット記事の文字列や、コンピュータの中にあるゼロイチの羅列のようなイメージをお持ちの方も多いでしょう。物理学者ロルフ・ランダウアーは、そういった情報を消去する場合、熱力学の考え方と矛盾しないためには、必ずエネルギーを要する、ということを見つけました。情報と物理学は、切っても切れない関係になっているのです。

もう少し知りたい方へ

関連する書籍［中高生以上向け］：『マックスウェルの悪魔　確率から物理学へ』（講談社ブルーバックス）都筑卓司 著

ギーをランダウアーの原理に従って計算してみると、およそ10のマイナス6乗ジュールとなる。このジュールという単位は、小さなりんごをおよそ1メートル持ち上げるために必要なエネルギーの単位のことである。つまり、情報理論的に必要な、脳の全情報を消去するために必要なエネルギーは、りんごを持ち上げることと比べてとても小さいのだ。

僕はこれを、父の体を火葬するために必要だったはずのエネルギーと比較してみた。70キログラムの人間の体は、ほぼ水で構成されていると仮定する。火葬の炉の温度は800度に達するらしい。1グラムの水を1度上げるために必要なエネルギーが1カロリーと定義されており、1カロリーはおよそ4ジュールである。従って火葬に必要だったエネルギーはおよそ10の8乗ジュール程度であると計算された。

つまり、ランダウアーの原理から計算される脳の情報を消去するために必要なエネルギーは、火葬のエネルギーと比べて非常に小さく無視できる程度であることが判明した。

もちろんこの計算は非常に単純化した比較であり、そもそも理論上、火葬のエネルギーと情報消去のエネルギーがそのまま比較できるものではない。しかし父の葬式において、火葬というかたちがあまりにも劇的な人生の瞬間を与えていることは、エネルギーの観点からも、納得できることなのかもしれないと思う。

・脳細胞の数：100億 $= 10^{10}$

シナプス：1万／1個.

場合の数は1個あたり ${}_{100億}C_{1万} = {}_{10^{10}}C_{10^4} \cong (10^{10})^{10^4}/(10^4!)$

$$\cong (10^{10})^{10^4}/(10^4)^{10^4} = (10^6)^{10^4}$$

全場合の数 $Z = \left((10^6)^{10^4}\right)^{10^{10}} = (10^6)^{10^{14}} = 10^{6\cdot10^{14}}$

$\therefore \log Z = 6\cdot10^{14}\log 10 \cong 10^{15}$　　$k = 1.38\times10^{-23}$ J/K

∴ランダウアー限界は　$J = kT\log Z = 10^{-23}\cdot10^{2}\cdot10^{15} = 10^{-6}$ [J]

・火葬の温度〜800度〜10^3 K

水の熱容量〜4.186 J/g·K

人体70kg〜10^5 g　　∴必要な $J = 10^5\cdot10^3\cdot4 \sim 10^8$ [J]

父の脳の情報消去により発生した、環境の熱エントロピーは 10^{-8} [J/K] にすぎない。これは熱とすると 10^{-6} [J].
一方、火葬で使われた熱は 10^8 [J] である。これはランダウア限界より14ケタも大きい。物理的にニューラルネットワークを消去するのは非常に乱暴であることがわかる.

人間は物質である.

父の死後4日目のノート。初めてできた計算であった。

この世界は全て、エネルギーを素粒子の間でやりとりして動いている。そのやりとりの一部として、すなわち自然の一部として父の死を理解するために、僕にはこの計算が必要であったのだ。

突然の死が自然なのか

火葬、すなわち燃焼反応という原子の物理学を使う情報の消去法は、自然の摂理を用いた、劇的な方法だ。燃焼反応は明らかに元に戻せない不可逆反応であり、物質の構造を破壊する。これは、思いきった消去法である。

脳のニューラルネットワークが形成される年月は、それが人間の平均寿命と等しいと近似しても、10の2乗年すなわち10の6乗時間程度である。一方、火葬は1時間である。形成と消去のそれぞれにかかる時間は、6桁もの違いがあった。こんなに速さを異なるものにする必要はどこにあるのだろう。

そもそも、死というものが突然訪れることをどう理解して良いのか、まったくわからない。父は他界する一日前まで元気に暮らしていた。つい先日まで楽しく話していた父と、もう話すことはできない。そのことを理解することは非常に難しい。

どんなに作るのに時間がかかっても、壊れるのは一瞬である、とは物理学は教えない。太陽のような恒星は、輝き始めて誕生するのには非常に長い時間がかかる。一方でその最後は、その質量が大きければ超新星爆発を起こすが、小さければ徐々に冷えて白色矮星《わいせい》になる。従って、恒星の寿命についても、状況によって、突然の死の場合や長い時間のかかる死の場合など、様々である。ここで、恒星が光り輝く作用のことを「生」と定義してしまってはいるけれども。

地球のような惑星はどうだろうか。人類が誕生するまで数十億年もかかっているが、一方あと数十億年ほど経てば、赤色巨星と化した太陽に飲み込まれて終わる。飲み込まれる瞬間は劇的なものかもしれない。たとえていえば、地球の火葬ともいえよう。

地球も火葬されるわけであるから、人間を火葬するということも物理学的には自然であるといえるかもしれない。

生物学的な死の議論は多くあろう。しかし僕は物理学者であり、自然の摂理としての物理学に基づいて、身近な死を理解したい。物理現象と生命現象を比較することがすでに問題ではあるが、それを差し置いても、突然あるシステムが機能を停止することが最も自然である、すなわち最もよく発生する、と物理学的に言い切ることはできない。

父の突然の死を、僕は物理学的にも受け入れることはできない。物理学は非情である。助けてくれる時はとことん助けてくれるが、助けない時は何もしてくれない。

父のいるところ

「お父さんは今頃どこにいるのだろう」

と家族が聞く。僕はそれに真面目に答えるほど人間離れはしていない。人の真似をして「うーん、空から見ているんじゃないかな」とうそぶくのみである。

葬式から三日後、晴れ上がった空を見た。そうか、まんざら「空にいる」というのは嘘でもなかったかもしれない、と思った。父の体を構成していた素粒子は、およそほとんど全てが空気中に放出されたからである。

人間も物質も全て、素粒子から構成されている。少し詳細を述べれば、人間の体を構成している原子は原子核と電子からなり、原子核は陽子と中性子からなり、そして陽子と中性子はクォークと呼ばれる素粒子からなっている。父は死んでから火葬され、体の多くを占める水分子はそのまま気体となって空気中に放出され、また体を構成していた有機物は酸素と結合して二酸化炭素となり空気中に放出された。三日前に放出された気体分子は、今頃は非常に拡散して、中国大陸に達しているだろう。

父は、空《そら》になったのだ。

人間の体は水分子や有機物だけでできているのではない。骨を構成していたカルシウムは、まだ仏壇の前の骨壺に納められている。また、血液などに微量に含まれていた鉄、これは酸化鉄となって火葬と共に空気中に拡散したかもしれない。

鉄という元素は、宇宙の開闢《かいびゃく》時には存在していなかった。恒星中心部で軽い元素に核融合反応が起こり、それで生成される最も重い元素が鉄である。鉄は恒星が自らの最後に超新星爆発を起こした際に宇宙空間にばらまかれる。宇宙空間にばらまかれた鉄が、他の元素と共に重力で集まって地球を構成し、そしてその上に住む人類が現れ、鉄が父の体で生命活動の維持に使われていたのであった。

父の体の一部を構成していた鉄は、また地球の一部となった。いや、ずっと地球の一部だった鉄が、父の体の中から外へ移動しただけだった。父の生命活動の根幹を担《にな》った数グラムの鉄のほぼ全ては、今は空のどこか、地面のどこかに存在しているだろう。もし大気中を浮遊していれば、太陽風によって一部は地球の大気圏外に飛び出しているかもしれない。

父は、宇宙になった。

父が本当にいるところ

物質としての父は、個々の素粒子となり、空高く巡っている。一年もすれば、地球のあらゆる場所を旅行していることだろう。旅行好きの父に教えてあげたい。

では父の生きた証《あかし》、すなわち父の情報は、どこに残っているのだろうか。

葬儀の後、父の死に驚いた父の友人の方々と電話口でお話しする機会が多かった。口々に、父との思い出をお話しくださる。そう、父の生きていた証は、父と実際に交流した人々の脳のニューラルネットワークに、情報として記憶されている。

僕の中にも、脳の神経細胞の結合として、父の生きていた頃の姿やしゃべり方、僕に話してくれたこと、一緒に楽しんだこと、怒られたこと、全てが記されている。この意味で、外から見た父の言動は、関わった全ての人の脳の中にエンコード（符号化）されている。

街中で父に似た後ろ姿の人を見かけると、ドキッとして思わず顔を確かめてしまう。そんなふうに、父の情報は僕の脳の奥底、無意識の領域にもエンコードされている。父のことを思い出そうとして自分で思い出せること、そしてふとした拍子に勝手に記憶が蘇《よみがえ》ること、様々だ。脳の様々な場所に様々なかたちで、つまり僕の様々なニューロンの活動と共に、父の情報は蓄えられている。

この情報は、僕が死ぬまで、そして父と交流のあった全ての人の生命現象が無くなるまで、確かに存在し続けるのである。

近年の人工知能技術の発展により、まるで本当に生きている人間のような会話ができるコンピュータプログラムまで登場している。そういった技術を体験して思うことは、人間も結局は外見の集合であるということだ。もしSNSでしか話したことがない友人がいるとすれば、その友人は人間としてこの世に存在しているのかどうか、本当のところはわからない。行動や言葉は単に「情報」であり、他の人間にとっては認知できる対象、外見というだけである。

この意味で、父の言動は全て「情報」であった。父という情報の総体は、僕を含む多くの人の言動に影響を与え続ける。

父は、生きている。関わった人の脳の中の情報として。

父を忘れること、法要の周期性

近しい人を失った悲しみを癒やすのは、日にち薬《ぐすり》であるという。それは、だんだんと故人を忘れていくということに他ならないのだろうか。脳の中の情報は、徐々に忘却される。

悲しみに泣くという人間の行為も、コミュニケーションとして泣くこと以上の意味があるように思えてならない。自分の脳の活動が、人が死ぬという環境の激変に耐えうるように、ある程度の防波堤を作ろうとしているように感じるのだ。日を追うごとに忘れていく、ということも、生命活動を維持するための基本原則であるように思える。

すると、父の情報は、僕の生きているうちにもいずれ消え失せてしまうのだろうか。そんな残念なことが、人間の摂理なのだろうか。

通夜、葬式、初七日を経て、これからの様々な儀式のスケジュールを立てないといけなくなった。重要な節目として四十九日法要（満中陰《まんちゅういん》）、一周忌、七回忌などがある。だんだん、法要の間の期間が長くなっている。ふと気づいたのだが、これには法則性があり、全て7倍になっているようだ。つまり通夜から葬式は1日、葬式から初七日は7日、次は四十九日で7×7日、一周忌は7×7×7がおよそ365日となっている。どうしてだろう。

法要は故人を偲《しの》ぶために行うものなのだろうか。人間は忘却する。研究では、記憶に関する忘却曲線というものが知られている。何日経てばどの程度覚えているか、という割合を日にちの関数として書いたものだ。様々な研究により、多くの関数形が提案されている。それは対数を用いるものもあれば、指数関数（127ページ参照）を用いるものもある。

物理学では、放射性元素など、様々な励起《れいき》（エネルギーが高い状態に移ること）が減衰する法則には指数関数的なものが典型的である。通常の忘却もそのようになっていると考えるのが物理学的にも自然であろうが、人間の死という最も強い刺激に対しての忘却曲線については、それは当てはまらないかもしれない。

物理学では臨界現象というものが知られている。臨界現象とは、水が水蒸気になる、といった物質の性質が劇的に変わる際などに関係するギリギリの現象のことである。臨界現象においては、それを引き起こす物質や状況に依存しない一般的な臨界法則が成立する。指数関数的な減衰は発生しなくなり、代わりに「べき」関数的な減衰が起こる。べき的減衰をもつ関数とは、例えばx分の１のような関数である。

人の死という強い刺激の忘却曲線が、臨界的なニューラルネットワークではべき的であったと仮定すれば、法要の期日にもおおよそ納得がいく。つまり記憶が前回の法要の７分の１になるたびに法要を行っていることになるのである。

人間は忘れるように機能しているため、全ての父の思い出を自分の脳の中に残すことは不可能である。しかし、その思い出のいくつかを確かなものとして、自分の脳の中に父を留めておくことは、おそらく僕自身が人間としての生命機能を保つ上で重要なことなのだろうと想像する。法要が記憶の忘却曲線に沿って行われることは、人類が経験的に獲得したことなのであろう。今は先人たちの知恵に沿った方法の法要を行い、記憶の中の父とゆっくり暮らしていくことにしたい。

父の生きた証と宇宙

忘却曲線がべき的であれ指数関数的であれ、それらの関数の重要な性質は、日にちがいくら経っても決してゼロにならないことである。ゼロに近づきはするが、ゼロにはならない。これが僕を安心させてくれる。僕の中の父は居なくならないのだから。

しかしその安心は、ほんのひと握りの安心でしかない。ゼロにならないといっても、この世界は数学ではなく物理学であり、ゼロに近いある限界値がおおよそ存在していて、それより忘却曲線が下回れば、実際上は完全に忘れてしまうに等しい。

父はそのように、この世から消え失せてしまうのだろうか。物理学は、この苦しみから僕を救ってはくれないのだろうか。

物理学の基本原理に因果律というものがある。あらゆる現象には原因があり、過去の原因が未来の現象を形作る。その逆はありえない。因果律に基づいて、宇宙の全ての現象は時間発展している。この「全ての現象」に、人間の活動も全て含まれている。父の人生も含まれている。

確かに僕が今存在しているのは、父が母と結婚したからである。父の行動が、この文章を産んでいる。

それだけではない。僕の存在を超えて、父の存在は引き継がれていくのである。因果律に基づいて全ての物理が発生していると考えれば、父が生きて活動したという痕跡は、現在そしてこれからの未来の様々な現象に影響を与える。そして、その影響は消えることはない。

ミクロの世界を記述する物理学である量子力学によると、因果律により、一瞬前の宇宙の状態が一瞬後の宇宙の状態を決める。そして、全ての確

用語解説

ユニタリー時間発展（大学物理レベルの用語）

ミクロの素粒子のふるまいを数式で表す学問を量子力学と呼びますが、量子力学の基礎方程式によると全ての現象は、直前の現象からの時間発展で決まり、このことをユニタリーな時間発展といいます。ユニタリーとは、数学における行列の種類の呼び名です。ユニタリーな行列を用いた時間発展においては、それぞれの現象が起こる確率を全部足すと確率が1になるという確率保存の原理が成り立つため、物理学では尊重されています。

もう少し知りたい方へ

関連する書籍［中高生以上向け］：『量子とはなんだろう　宇宙を支配する究極のしくみ』（講談社ブルーバックス）松浦 壮 著

率が保存され、あらゆる痕跡はそのまま情報としてどこかに保たれている。量子力学ではこの原理をユニタリー時間発展と呼ぶ。

従って、父が生きたという状態からの時間発展により形作られる現在の状態は、その影響を必ず受け、情報を保存していることになるのである。未来永劫、そうなのだ。

僕は深く息を吸って、安心した。大学で量子力学を学んでいて、本当によかった。大学に進むことを勧めてくれた父に、心から感謝したい。

昨日、親しくさせていただいている先輩に、父が他界したことを話した。その先輩も理論物理学者である。父のことをいずれは忘れてしまうんだろうか、とため息をついた僕に、先輩はこう言った。「宇宙はユニタリー時間発展だから、お父さんの情報は保存されているよね」

先輩は僕とまったく同じ考えをしていたのだ。僕は本当に良い友人に恵まれている、そう思った。この物理学の世界に進む僕を励ましてくれたのは、父だった。

父の生きた証は、宇宙に刻まれている。


（2021年9月）

ＳＦと物理

あの「ウルトラマン」はどこからやってきたのか？　この問題に、まさか自分が関わることになるとは思ってもみなかった。映画『シン・ウルトラマン』に理論物理学監修として参加した僕は、ついに、子供の頃にテレビでいつも見ていた「ウルトラマン」について漠然と抱いていた疑問に、真剣に自分なりの答えを出そうとする絶好の機会を得たのだ。果たして、ウルトラマンはどこから来たのか。

それは聞かない約束

小学生の僕が「ウルトラマン」シリーズをテレビで見始めたのは、単純に学校でウルトラマンごっこが流行っていたからだ。１９８０年代、全国どこの小学校でも同じ光景が繰り広げられていたことと思う。ウルトラマン役の友人が色々と必殺技を繰り出す一方で、僕はたいてい、怪獣から逃げ惑う人たちの役だった。

強いウルトラマン、強い怪獣は、友人たちの憧れだった。けれど、本当は、あんな巨大な人間はいない。本当は、あんな怪獣はいない。そんなふうに僕はいつも思っていた。残念ながら、遊ぶ時には、「なぜ」と聞いてはいけない。なぜ手から光が出るのか。なぜ空を飛べるのか。なぜ胸にカラータイマーがついているのか。友人にひとたび「なぜ」と聞けば、「テレビでやってるから」の答えしか返ってこず、そして「なぜそんなことを聞くのか」と逆に聞かれてしまい、友人に置いていかれるのだ。

だから僕は「本物」が好きだった。この世に本当に存在して、そして大きくて動いて強いもの。それは僕にとって鉄道だった。たった一人の運転手がレバーを握ってそれをひょいと回すだけで、鋼鉄製の6両編成の巨大な車両が動き出す。「なぜ」が多すぎるウルトラマンには、自分はどんなに頑張ってもなれないけれど、電車の運転手には、なれる。僕は電車の動く仕組みであるモーターに興味を持った。それで今、物理学者をしているのかもしれない。少なくとも電車の動く仕組みや原理は、物理学で理解しているつもりである。

しかし、ウルトラマンの作動原理は、物理学で理解しようとしてはいけない。ウルトラマンには、「なぜ」と問うてはいけないからだ。「なぜ」は禁止される「仮想世界」だという約束なのだ。長い間、そう思っていた。

物理学の最先端はむしろSF?

僕はSFが嫌いだった。単純には、SFが嘘だからだ。SFの「F」はフィクションの略だから、そりゃ定義通り、作り話なのである。だからずっとSF作品を純粋に愉しむことができないでいた。SF映画を観ても、「そんなこと、でけへんやん」「物理の法則に反してるやん」という部分ばかりが目につき、ストーリーを愉しめないのだ。僕のこの不具合は特に「ハードSF」と呼ばれるジャンルの小説では顕著だ。ハードSFでは、文章に物理学の専門用語が押し寄せるように使われているため、僕が読み始めると、まるで学術論文の査読をしているような読み方になってしまい、ストーリーを愉しむどころか、ストーリーがそもそも全く頭に入ってこない。

状況はウルトラマンと同じだ。「なぜ」と聞いてはいけないルールに反抗する物理学者としての自分が厳然として存在しており、一方で作品からの素朴な感情を欲する自分も存在していて、それら二つの自分の分離が難しく、作品に感情移入できないのだ。

SFに心を許せない僕が、物理学者になってから20年以上経った頃のことだ。僕は、宇宙全体が、ある種の脳の神経回路網と同じであるという考えに取り憑かれ、その考えを実現する物理モデルを詳細に検討し、「宇宙=脳」という仮説の物理学の学術論文をいくつも執筆した。それらは専門学術誌で査読ののちに出版され、様々な研究者がその考えを発展させている。

ちょっと待てよ。宇宙が脳である、なんて、まさにSFのようではないか。

仮説が作られる仕組み

ＳＦが苦手な僕がＳＦをやっているのではないか？　という疑問が頭の中を巡る。自分の志向を整理する必要がある。

もちろん、物理学の学術論文はＳＦではない。つまり、作り話ではない。実際、物理学は実証科学である。どんな仮説（１３１ページ参照）も、実験で確認されなければ、仮説のままである。実験でその仮説が反証されれば、仮説は誤った説として葬られる。作り話が生き残る世界ではない。

しかし、注意すべきはその「仮説」が作られる段階、「アブダクション」である。様々な現象をとりまとめ、それを説明できる統一的な機構を提案する段階が、仮説生成の段階、アブダクションだ。このアブダクションでは、検証される前の仮説が評価される。その評価とは、その仮説がいかにもっともらしく、また広範に適用できる原理であるのか、どのくらい多くの可能性を秘めているのか、といった評価基準が存在する。仮説自体が実験検証されるまでに詳細な段階まで詰められるのは、そのずっと後の話である。

仮説生成というアブダクションの段階では、実は、ＳＦのような突飛《とっぴ》な考えが好まれる傾向もある。意外であるために誰も気づいていなかった仮説こそが、科学の問題を解決するアイデアかもしれないからだ。

物理学の場合、通常は、全ての現象を説明する手前の段階で、いくつかの現象を説明する「おもちゃ模型（トイ・モデル）」という仮説を考案する。おもちゃ模型は仮説のうちで最もシンプルつまり幼稚で簡素であるが、本質を捉えたものだ。おもちゃ模型による仮説が現実世界と繋がるには、さらなる詳細な模型が仮説として提案されなければいけないが、詳細な模型のメカニズムの本質は、おもちゃ模型で尽きている、という具合である。

素粒子物理学も実際、歴史的にはそのように構築されてきた。ノーベル物理学賞を受賞した南部陽一郎の最も重要な功績は、ひと言で言えば、「宇宙が超伝導である」ことを見抜いたことである。超伝導とは、特殊な物質を低温にすると電気抵抗がゼロになり電流が永久に流れる現象のことである。特殊な小さな物質で起こる現象が、実は宇宙全体に適用されるとは！　彼の提案したおもちゃ模型は、「自発的対称性の破れ」の原理として確立し、その後、素粒子の標準模型と呼ばれる詳細な模型も一部として機能し、人間が観測するほぼ全ての現象を説明する理論として現在は用いられている。

宇宙が超伝導であるなんて、まさにSFっぽい突飛さではないか！

南部陽一郎の愉しみ

結局は、南部陽一郎のその突飛な考えを、宇宙が採用していた。彼は物理学の予言者と呼ばれ、普通の物理学者より10年先を見ていると言われていた。それは、提案の時点ではその重要性の認識が困難であるほど突飛であり、動機が不明であるような仮説が、のちに重要であることが判明してきたということが理由である。宇宙の悪戯《いたずら》なのか。

南部さんが亡くなる数年前、最後の研究セミナーをしていただいたことがある。僕たち物理学者の前で、南部さんは専門的な数式を自在に操り、興味深い結果を次々に示していった。講演が中盤に差し掛かった時、彼はある仮説を導入した。その仮説とは、物理学でよく知られた

用語解説

自発的対称性の破れ（大学院物理レベルの用語）

物理学における対称性とは、入れ替えたり回したりしても同じに見えるということを指します。例えば、ワインのボトルを立ててみると、ボトルをクルクルと回しても見える形は同じです。これを専門用語で「回転対称性」と呼んでいます。もしボトルが倒れれば、元の回転対称性はなくなります。不安定な形のボトルであれば、勝手に（「自発的に」）倒れて、対称性がなくなります。このことを「自発的対称性の破れ」と呼んでいます。この一見日常的な現象が、素粒子物理学の根幹の原理になっていることを、南部陽一郎は発見しました。

もう少し知りたい方へ

関連する書籍［一般向け］：『早すぎた男 南部陽一郎物語 時代は彼に追いついたか』（講談社ブルーバックス）中嶋 彰 著

ミクロの原理を、太陽系という巨大な物理系に適用するというものであった。僕たちは仰天した。

普通の物理学者がそんな話をしようものなら、声を出して笑ってしまうところである。「君、適用限界がわかっているかね?」といった質問が飛び、講演が中止になるところだ。しかし、講演者は南部さんである。聴衆はみな、顔を見合わせながら、講演の続きに聴き入った。そして講演の最後、彼の仮説からは、太陽系のある重要な性質が導出されたのだ。みな、驚愕した。

僕は南部さんに最後の質問をした。

「なぜ、あの仮説を導入したのですか?」

南部さんは笑って答えた。

「だって、愉しいでしょう」

僕は、震えた。歴史的な仮説生成の瞬間を目の当たりにした気がしたのだ。

そう、愉しいから導入する。「もし、こんな仮説を立てたとすれば、どう愉しくなるだろう」というところから、仮説はスタートするのだ。宇宙が超伝導だったら、という仮説に、若き日の南部さんはドキドキしていたに違いない。

僕はこの南部さんとの経験に刺激され、ＳＦにも匹敵する突飛さを持った物理理論こそが「面白い」物理であり、物理学自体を進める可能性を持っている、と考えるようになった。それが、宇宙が脳かもしれない、という仮説生成に繋がったのだ。

僕のような物理学者にとって、ＳＦは読むものではなく、作るものだったのかもしれない。

SFを作る理論物理学

では、ＳＦを作る側に回ればよいのではないか？　僕もそれなりにアブダクションに想像力を費やす人生を送ってきたのだから、貢献できるかもしれない。そう考え始めた僕は、じわじわとそのアイデアを実行に移している。つまり、ＳＦを作る側の一員として製作側に自分を組み込んでもらい、そこから、世の中に物理学を広めていくのだ。

もちろん、ＳＦはフィクションであるから、そこに「本物の」物理学を織り交ぜることは、危険と背中合わせではある。そのＳＦを愉しんだ視聴者が、登場する物理的な概念を、あたかも本当の世界の物理学と全く同じであると勘違いしてしまう可能性は、常にある。

しかし、「ウルトラマン」のようなＳＦは、視聴者はそれを観る前から、フィクションであることをすでに理解しているわけである。つまり、そういったフィクションであることが前面に出ている媒体であれば、危険性は減るわけだ。

２０１８年、絶好の機会が僕に訪れた。映画監督の瀬下寛之《せしたひろゆき》さんとたまたま飲み会で知り合った僕は、その後、製作中の映画に協力してほしいという申し出を受けた。その映画は『GODZILLA　星を喰う者』で、通称「アニメゴジラ（アニゴジ）」の最終話である。映画の主人公は近未来の物理学者という設定であり、その物理学者がある重要な物理学の概念を見つけ出す、その場面で使用する黒板に書くものを考えてほしい、との僕への依頼だった。

『ゴジラ』シリーズは日本で最も伝統あるＳＦ映画である。また、ゴジラが生まれた背景は水爆実験による地球の放射能汚染であることがよく知られており、核反応をも引き起こす素粒子を研究している僕は、この映画に参加することに大きな意義を感じ、快諾した。

映画で使用される黒板には、アインシュタインが発見した数式を書くことにした。アインシュタインがそれを導いたのと同じ方法で導く過程を黒板に書く。ちょうど、黒板一枚程度の数式になった。数式を書く過程を動画に撮り、監督に送ってみると、即採用となった。

映画館でアニゴジが公開され、それを観に行った。大変重要なシーンで、僕の書いた黒板が使われていた。映画の終わり、エンドロールには、「理論物理学黒板作成協力」の文字の次に僕の名前が流れていた。

僕はある種の複雑な感動を持ってそれを眺めていた。素粒子物理学、特にアインシュタインの式は、宇宙の謎を解き明かし、そして原子力や原爆を生み出した。日本に原爆が投下され、核の力のバランスで世界は動いている。核力を解き明かした湯川秀樹《ゆかわひでき》、素粒子の標準模型の一部を書き下した益川敏英《ますかわとしひで》は、核兵器廃絶運動や反戦運動を行っている。僕はそういった物理学者の系譜の末裔《まつえい》として、素粒子物理学を学び研究している。科学者の社会責任を、自分のやり方で果たそうと努力できる段階にきた、と僕は思った。

思った通り、ゴジラという映画の威力は絶大だった。高校などの多くの一般講演に招待されて僕が物理学の話をする時に、アニゴジの予告動画を流し、それとの僕の物理学の関わりを物理学者として説明してみた。聴衆がSF映画を入り口として、物理学の持つインパクト、社会における重要性を学んでいくことが、手にとるように感じられた。「社会にすぐには役に立たない基礎科学」を長年続けてきた僕にとって、その感覚は本当に貴重だった。湯川秀樹が多くの一般講演や文化交流を続けてきたのも、こんなふうに感じていたからかもしれないな、としみじみ思う。

素粒子物理学による交響曲

何も映画だけがＳＦではない。サイエンスに基づいたフィクションがＳＦなのであるから、それは非常に広い分野を指すのだ。感情に訴えかけるフィクションは一般に芸術であるから、サイエンスアートもＳＦの一種である。

よく知られているように、日本で初めてノーベル賞を受賞した湯川秀樹は、和歌を多く詠んだ。素粒子がくっついたり離れたりする様子を表す「ファインマン・ダイアグラム」（81ページ図）で有名なリチャード・ファインマンは打楽器を愛し、パーカ

用語解説

ファインマン・ダイアグラム

（大学院物理レベルの用語）

現在まで17種類発見されている素粒子が、くっついたり離れたりすることで、力が働きます。例えば、2つの電子の間に働く電磁気力は、光子をキャッチボールすることで発生していると考えられます。このように、素粒子から素粒子が放出されたり吸収されたり、というプロセスがミクロには起こっているのです。このプロセスを図で表したものが、ファインマン・ダイアグラムです。ノーベル物理学賞を受賞した、リチャード・ファインマンによって考案され、今では世界標準の図式表記法となっています。

もう少し知りたい方へ

関連する書籍[一般向け]：『ご冗談でしょう、ファインマンさん』（岩波現代文庫）リチャード・P・ファインマン 著、大貫昌子 訳

ッショニストとしても活躍した。

数年前、物理学者の僕は偶然にも、一人のパーカッショニストと知り合った。彼の名はヤニック・パジェ（Yannick Paget）といい、作曲家でありかつ関西シティフィルハーモニー交響楽団の客演指揮者でもあるパーカッショニストだった。彼は宇宙の始まりといった物理学の観念に非常に興味を持ち、素粒子がどのような反応を起こすのか、ということを僕が彼に説明をする機会が多くなった。話をしているうちに、最も重要な局面に達した。この宇宙には、電子や光子といった17種類の素粒子があり、それぞれが特徴的な電荷と呼ばれる数字でラベルされていること、そしてその数字の組み合わせとして、素粒子の反応が表される、といった説明に差し掛かった時だった。彼が作曲に用いる音楽理論が、素粒子の反応と類似していることに、気がついたのだ。この類似性を用いれば、例えば太

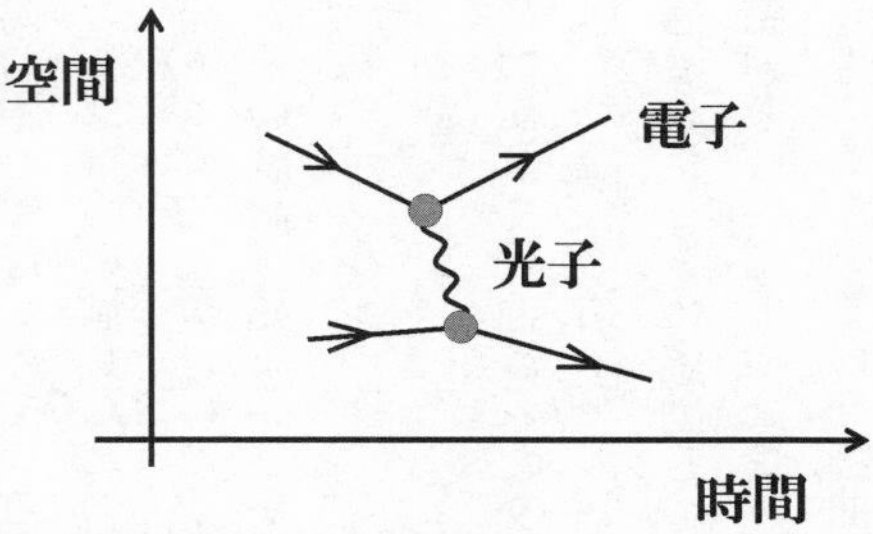

電子の間に働く電磁気力を表す、ファインマン・ダイアグラム。二つの電子が、空間内で離れて動いており、一つの電子が光子を放出して、もう一つの電子が光子を吸収する。このプロセスにより、電子の間に力が働く。

陽の中心で起こっている素粒子の反応を、音楽に翻訳できるのではないか。そう言って僕たちは議論を愉しんだ。素粒子は音楽に似ている。では、それら二つの概念を行き来できるのではないか。「愉しい仮説」が提案された瞬間だった。

その議論が始まってから2年が経った。2021年9月、ヤニックさんは指揮者として、大阪のザ・シンフォニーホールの舞台に立っていた。彼が作曲した交響曲『アマテラス』の初演だった。『アマテラス』はまさに、太陽の中心部で発生している核融合反応を音楽に翻訳して作曲された交響曲なのだ（85ページ写真）。演奏後、ザ・シンフォニーホールを埋めた観客の拍手が沸き起こったことよりも、僕は、素粒子の反応をこのように全身で体感できたことに感動していた。まさに、「愉しい仮説」が、科学ではない方法、すなわち感動という形で検証されたのだった。

もちろん、この交響曲を聴けば素粒子物理学を理解できるようになるわけではない。これはサイエンスではなく、サイエンス・フィクションなのだ。だから、交響曲自体がそのまま科学として社会の役に立っているわけではない。

しかし、この交響曲を愉しんだ一般の方が、なぜこんな楽曲であるのかに興味を持ち、それがきっかけで科学に興味を持ち始める、という可能性は十分にあるだろう。実際、公演の行われたザ・シンフォニーホールでは、終演後にパンフレットをじっくり読んでいる聴衆の姿が目立った。僕はパンフレットに、素粒子物理学のことを詳しく説明したのだった。僕にはその人たちの姿が大変印象に残った。科学を世に広めていくSFの形には、このような楽曲の形もあり得るということが、明らかに心で実証された、という気がしていた。

サイエンスを感じる「身体」を表現する

ヤニックさんと知り合ったのは、サイエンスをサイエンティストではない方々に紹介する効果的な方法を求め続けた、長い旅路の後だった。その旅路の結果、交響曲が完成したのである。

物理学者は文部科学省から社会貢献を求められる機会が多い。税金を使って研究しているのだから当然なのだが、社会に役立つことを目指して研究を行っているのではないので、物理学者は困ってしまう。僕も困っていた一人だった。10年ほど前、僕が理化学研究所に勤めていた頃のことだ。研究所では年に一回、一般公開と呼ばれるイベントを開催していた。来所する一般市民の方々に我々が科学を説明したり、研究所での研究内容を広く知ってもらうイベントだ。僕の研究室でも、一般公開で市民の方々に科学を説明することになった。

研究室のメンバーで、研究成果をまとめたポスターを作り、その前に僕は立った。いらっしゃる市民の方に、ポスターを使って説明する。残念なことが、予想通り発生した。僕の説明が下手で、しかもポスターが専門的すぎて、誰にも研究の面白さが伝わらないのだ。ある方は、僕の話を我慢強く10分間も聞いた後、「難しいことをやっておられるんですね、頑張ってください」とひと言おっしゃって、逃げるように部屋を後にした。僕は自分の無力を感じた。

次にいらっしゃった親子連れも、同じだった。お母さんと小学生の息子さんだった。お母さんは僕の話を根気強く聞いて、眉間に皺《しわ》を寄せた。話が終わった後、去り際に、お母さんは息子に言った。「せっかくなんだから、握手でもしてもらったら?」

その小学生は恐る恐る前に出てきて、僕と握手をした。すると、その小学生は飛び上がって喜び、母親に「明日学校で自慢するんだ」と言ったのだ。僕は、自分が根本的に間違っていたことを知った。科学を伝えるのではない、まず科学者がいるということを伝える必要がある、と。

次の年の一般公開では、僕の研究室は公開の方法を変えた。ポスターを市民向けに用意するのではなく、「普段の研究室」を動物園のように見てもらうようにしたのだ。そしてその一角には、「研究者の机に座ってみよう」というコーナーを設け、僕の席をその日だけ開放した。すると、その動物園企画に1000名もの市民が押し寄せたのだ。ある初老

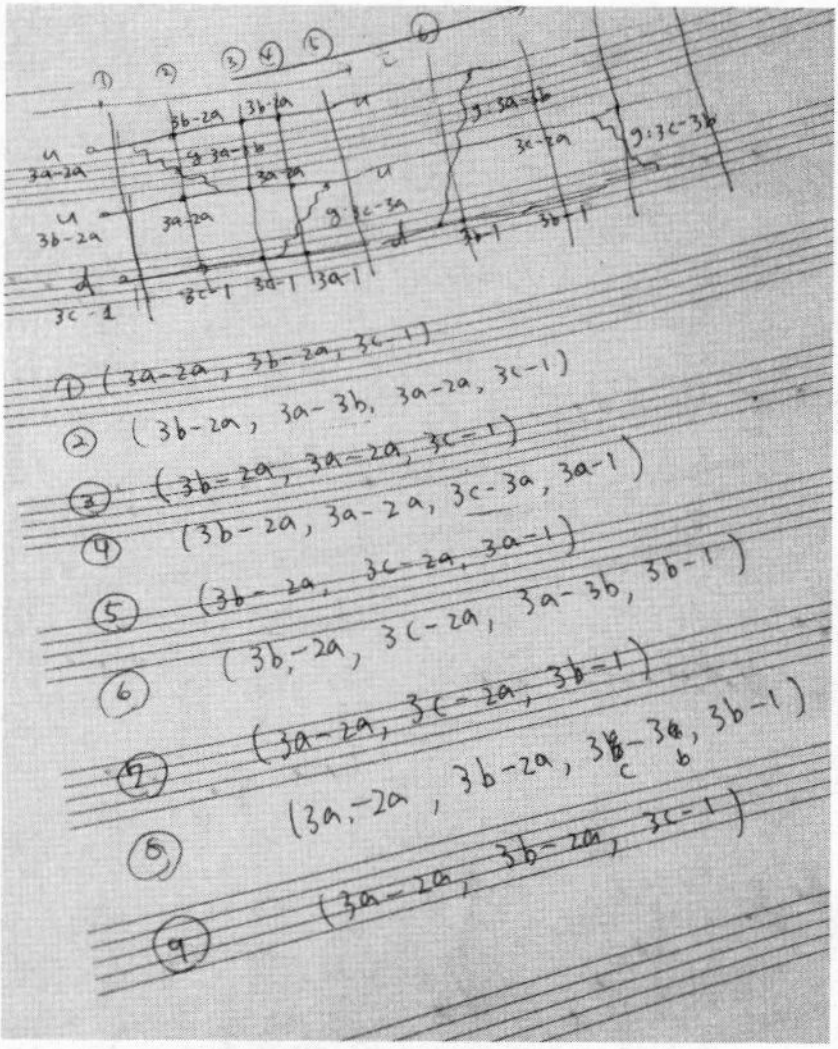

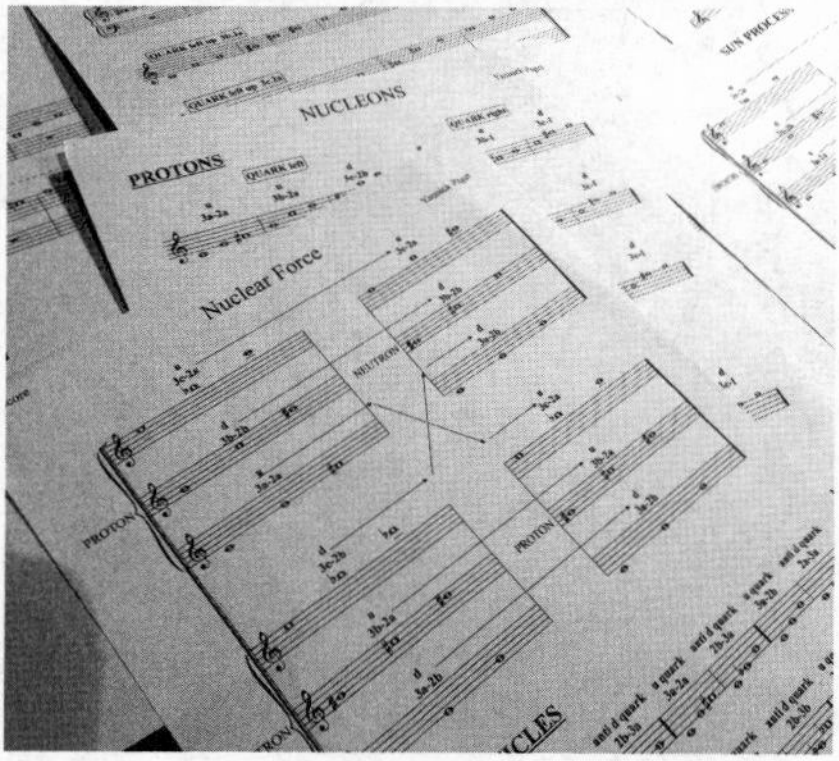

素粒子の反応を表す数字列を、楽譜に翻訳する愉しい作業。そしてそれは、サイエンス・フィクションとして、交響曲『アマテラス』に昇華した。

の方は、何時間も僕たち研究者（＝動物園の動物）が研究する様子を眺めていた。僕たちは、互いにディスカッションしたり、お茶を飲んだり、計算したり、パソコンで論文を書いたり、普段通りに過ごしていただけなのだ。僕はその方が何に興味を持ってそんなに長時間私たちを観察していたのか、聞いてみた。するとその男性は言った。「私は会計士の仕事をしている者です。数字を毎日扱っているのですが、研究者もそうですよね。どんなふうに数字を扱っているのか、ずっと見てしまったのです」

続けてその方は言った。「ところで研究ではなぜ英語を使うのですか、みなさん日本人なのに？」。僕は、まさにこの方は科学の入り口に立ったのだと思いながら、答えた。「素粒子物理学は世界で同時に進展しているのです。今この瞬間も、私と同じアイデアが、世界の裏側で試されているかもしれません。そういった物理学者と戦うには、英語を普段から使っている必要があるのです」。すると、その方の目が輝いた。「なるほど、なるほど」と言いながら、その方は嬉しそうに帰っていった。

このエピソードからわかることは、科学を社会に広める、すなわち科学の価値を社会の多くの人に理解してもらうためには、科学の成果だけではなく、科学を進めている科学者の存在をもっと世に広める必要がまずあるということだった。

パフォーミングアートの舞台『Every day is a new beginning』では、舞台後ろに黒板が設置され、そこで僕が物理学の研究を行い、前方でそれに呼応した身体パフォーマンスが繰り広げられた。

ノーベル賞をとる科学者だけが科学者ではない。素粒子物理学の研究者だけでも日本に1000名以上が活躍している。そういった人たちが、読者の皆さんの街にも住んでいて、そして日夜、素粒子のことを考えて過ごしている。そのことを動物園のように知ってもらうところから、科学と社会の距離が縮まっていくと思うのだ。

僕はこの経験から、自分の科学の作業をできるだけ外で見せるようにしてきた。僕の研究の姿をご覧になった、京都でアートディレクションをされている松尾恵《めぐみ》さんが、「橋本先生、そのままパフォーミングアートの舞台に立たれませんか？」とおっしゃった。僕はそのオファーにそのまま乗り、舞台は201

8年に京都のロームシアターで上演された。前田英一さんが演出しゴーダ企画が主催した、『Every day is a new beginning』と題されたこのパフォーマンスは翌年、アートイノベーション国際シンポジウムで京都大学総長賞を受賞する（87ページ写真）。そのパフォーマンスで音楽を担当していたのが、ヤニックさんだったのだ。

サイエンスを基礎にフィクションを作り、人を感動させることができる。フィクションは科学と芸術の融和であり、愉しい突飛なアブダクションから始まるのだ。その愉しみが、多くの人々を科学の入り口に導けるかもしれない。

物理学者の僕にとってSFは、やはり、読むものではなく、作るものだった。ウルトラマンが来た世界を、一緒に作ればいいのだ。

僕の研究室では今日も、「ブラックホールはぐちゃぐちゃのひもからできている」とか「時空は表面だけで決まっている」とか「一番カオスなやつが宇宙を支配している」とかいった仮説が、素粒子論という学問として真剣に研究されている。SFと現実の間が、作られているのだ。

（2022年6月）

1文字の価値

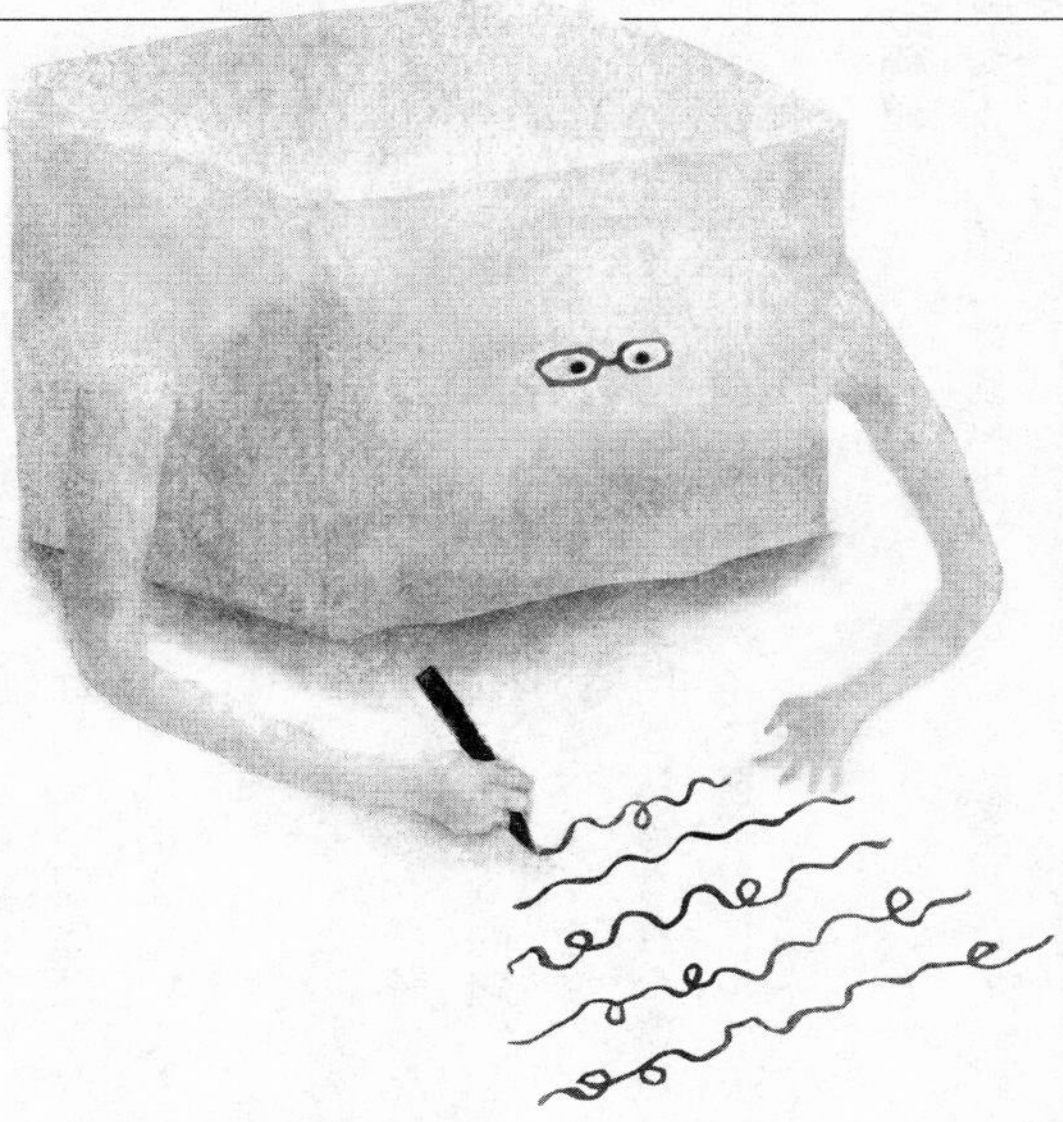

風呂の湯船でゆっくりくつろいでいたら、風呂場の鏡に字のようなものが描かれていることに気がついた。湯気でくもった鏡面に現れた文字列は読み取りにくく、かえってそれを読みたいという気持ちを増強した。しかし、一部消えていたり、くもり方も一様でないため読めないのだ。

たぶん、小学生の娘が遊びで、鏡に指で何か字を描いたのだろう。風呂を出て娘に聞けば、その内容はすぐにわかるはずだ。しかし、読めそうで読めないところがクイズのようで、すぐに娘に尋ねてしまうのは僕のプライドに関わる問題だ。僕は物理学者だから、クイズが与えられたときに、その答えが載っているページをすぐに見るような気性ではない、むしろ逆の行動をとってしまう。風呂という閉じ込められた環境で、それしか眺める部分がないように仕組まれた僕には、もうそのクイズを解くしか、チョイスはないのだ。

儚い文字、という価値

かくいう僕も、子供の頃には風呂場の鏡によく絵を描いていたものだ。ほかにも、冬に結露してしまった窓など、家でも学校でも電車でも、落書きをしていた。雪が降った日に、誰も踏み荒らしていない雪の場所を好んで歩くのと同じ感覚で、結露の上には自分の痕跡を残してやろうという義務を感じていた。なぜだろうか？

思うに、結露の上に文字を描いてしまう理由は、まずは指で文字を描けるという手軽さがあったろうが、それに加えて、描かれた文字の儚《はかな》さを楽しんでいたのではないか。

結露はすぐに消える運命にある。空気が乾燥したり陽が当たると水は相転移《そうてんい》して気体になり蒸発してしまうだろうし、また逆に結露が続けば水滴が大きくなりやがてダラダラと流れて文字をかき消してしまう。結露はいずれにしても儚いのだ。

一方、人間の書く文字は情報だ。情報はおよそ、ほかの個人に伝えるため、記録のために存在している。すなわち情報の価値は、その存在

用語解説

相転移（大学物理レベルの用語）

液体である水は冷やすと固体（氷）になり、温めると蒸発し気体になります。このように、同じ物質であるのに、温度や密度を変えると、全くふるまいが違う状態が生まれます。このような状態を「相（そう）」と呼び、気体、液体、固体の相はそれぞれ気相、液相、固相と呼びます。相が変わることを相転移と呼び、例えば水が凍ったり沸騰したり蒸発したり、これらは相転移の一種です。結露も相転移の結果ですね。ミクロの物質（例えば分子や原子）から、その相を予測するのは難しく、重要な物質科学の分野となっています。固相にもいろいろあり、例えば私たちに馴染み深い水も、固相の種類は10種類以上も知られています。

もう少し知りたい方へ

関連する書籍［一般向け］：『雪』（岩波文庫）中谷宇吉郎 著

期間が長いほど大きいだろう。すぐに消えてしまう情報は、たいした情報ではないのだ。だから、文字はそもそも、儚いものではない。それなのに、結露の上に描かれた文字は儚い。そのズレを、僕は楽しんでいたのではないか。

ズレとは、情報の基準が揺らぐときのことだ。基準が揺らげば、そこに新たな価値が生まれる可能性がある。文字が消えてしまう前に、誰かがたまたま見るかもしれない。誰も見ないかもしれない。ここに、新しい可能性があるのだ。クラスでたった一人だけがそれを見たとしたら？　通りがかりの見知らぬ人が一人だけそれを見たとしたら？　情報の持続時間が限られるからこそ、その情報が違った価値を持つということもありうる。そのランダムさと儚さを僕は楽しんでいた。

結露の上の文字は、残るのが長くてもおよそ数時間であるから、儚さとしてちょうど良いだろう。人間の運動や密度を考えれば、数時間は、数名の人間がその場を通過する可能性のある時間だ。

一方例えば、風呂の湯気の中で手をぐるぐる動かせば、湯気の痕跡としてなんらかの文字のような形を残せるが、その形は一瞬で消えてしまう。それは情報としては持続時間が短すぎ、つまり儚すぎて、新たな情報の価値を生まないだろう。

ただ時々、虚空《こくう》に数式を書く科学者がドラマに登場したりするが、あれは本当の話である。僕の知っている物理学者でも、考えるときに勝手に虚空を手が動いて、まるで見えない文字を書いているような仕草をする人がいる。僕自身がそういう動きをしているかどうかは、自分のことだからよくわからないが、少なくともそういう物理学者を何回か目撃したことがある。もちろんこれは、情報を残そうとしたり他人に伝えようとしているのではない。書くという動作を自分のために繰り返すことで、自分の思考の筋道を確認しようとしているだけである。

だから、風呂場の湯気に情報を残すことはできないし、湯気に描かれた情報の価値は、自分の脳の強化学習以上のものではない、つまり、自分の気持ちを整理する以上の効果がない。それは情報ではなく、情報を発信する以前の段階で必要なことである。

風呂の鏡面の文字情報、そして湯気に描こうとした文字情報が教えてくれることは、文字というビジュアル情報にはその存続時間という価値が伴う、ということだ。思い起こせば、インターネットとSNSが生まれる前までは、あらゆる個人が発する情報というものは、およそ恒久的な文字情報と、瞬間的に消滅する音声情報の二つしかなかった。この分担が、文字情報に恒久性という価値を押し付けていたのかもしれない。

風呂場の鏡面に描かれた文字は、その意味で特異であり、僕が子供の頃にそれに勤しんでいた理由も察せられるというものだ。

自分の書く1文字の価値が……

現在、1文字の価値は飛躍的に低くなっている。インターネット以前に、自分の書いた文字を流通させるためにどれほどの金額と労力がかかっていたかを想像するだけで、1文字の価値が相当に下がったことがわかる。いまや、ツイッター（現X）のタイムラインを眺めるだけで、個人が発し流通している文字情報が洪水のように流れては消えるのが観察される。

僕が学部生の頃には、一生で1冊、本が書ければ本望だと思っていた。本1冊の文字数がおよそ10万字とすれば、一方で人間の人生はおよそ3万日であるから、平均すれば1日に3文字書くということになる。人に読んでもらう文章を1日3文字書く、これは、非常に難しいだろう、自分の人生で達成できるかどうかはわからない、そう思っていた。

ところが、である。今現在もこうして文章を書いている僕は、この連載だけでも、3カ月で9千字、つまり1日あたり100文字も書いてしまっているのだ。これには、文章を書いて人に読んでもらうことへの心理的障壁が、僕の中で非常に下がったことが反映している。その理由は、インターネットとSNSだ。

２０００年頃から、僕はブログを始めた。ブログには自分の気持ちを綴り、それが多くの人の目に留まる。個人の発する文字情報の価値が僕の中で大きく変わった瞬間だった。２０１０年からはツイッターを使うようになり、現在まで2万4千ツイート、これは1日で平均5ツイート。つまり1日あたり７００文字も、不特定多数に伝わる自分の考えを書いてしまっているのだ。自分の中での1文字の価値が、二桁も三桁も下がってしまっているということだろう。

ただし、これを僕は悲しがっていたりはしない。自分の1文字の価値を、世の中の流れに沿って変えていっても良いと考えている理由がある。それは、物理学者として書く研究論文の文字の価値と、日常に書く文字の価値を区別しているからである。

科学者は論文を書いてなんぼ、だ。僕は20年ほど物理学者をやって、ようやく１００編ほどの論文を書いた。自分の中での論文の1文字の価値は、初めて論文を書いた日におよそ定まっており、その価値は下がっていないつもりである。

自分のアイデンティティとなる科学論文において、1文字の価値が変わっていないと考えるからこそ、そのほかのシーンで自分が発する文字情報が多様な形で出ていくことには、頓着していない。

僕は人生で後どのくらい科学論文を書けるのだろう、それが非常に気になる。多ければ良いというものでもないし、また少なくて良いというものでもない。今のペースで書けば、あと100編は楽しめるだろう。そこにどんな物理が顔を出すか、自分でも予想はつかないが、大変楽しみだ。それは、これから出版する100編の論文の1文字の価値を今までとは変えない、という確信の上で現れる楽しみである。

AIが変える1文字の価値

思うに、科学論文の文字の価値は単に最後の牙城であって、じつのところ、この数年は1文字の価値が大きく変わる節目に当たると考えられる。それは、人工知能の作文のためである。

もうすでに、ニュースなどは人工知能がまとめたものが配信されていたり、またニュースのキャッチを生成したり、外国語のニュースを翻訳したりなど、人間の手間を大幅に省略する人工知能が登場している。人間ではない機械が生成した文字列を人間が楽しむのであるとすれば、果たして人間が生成する文字列の価値はどうなるのだろうか。

人工知能は今のところ、高度な統合作業を要する文章生成や会話はできない、と言いたいところだが、２０２２年末に登場したChatGPTと呼ばれる人工知能は、機械学習による高い言語処理作成能力を持ち、とても自然な会話を行う。まるで目の前に人間がいるかのようだ。会話の内容の正確性はまだ高くない場合もあるが、すでに高度な統合作業を十分こなしており、インターネットから収集した情報を統合して発話し、人間との会話が進んでいく。

機械翻訳、すなわち人工知能による自動翻訳の高度化も、複数言語を使う業界に大きな影響を与えているといえる。物理学者は英語で論文

用語解説

機械学習（高校レベルの用語）

人工知能の頭の中では機械学習が行われています。機械学習とは、人間が判断したりしていたことをコンピュータにさせることです。例えば動物の写真を見せてなんの動物か答えさせたり、といった能力は、すでに人間を超えています。車の自動運転は、非常に高度なリアルタイムの判断が要求されますが、実用化されています。機械学習を翻訳に使う機械翻訳も、すでに多くの人が日常的に使うほど、高度な能力を持っています。物理学の研究にも機械学習を用いる流れが2017年頃から始まっており、近い未来には、科学研究に機械学習が日常的に用いられるようになるでしょう。

もう少し知りたい方へ

関連する書籍［一般向け］：『自動人形（オートマトン）の城』（東京大学出版会）川添 愛 著

を書くのが常識であるため、およそすべての物理学者は英語を書いたり話せたりする。その学習補助として機械翻訳を使う機会が増えているようだ。

僕自身は特に機械翻訳を使って論文を書いたりはしないが、推薦書を書く際に使うことがある。ある人のために日本語の推薦書を書くときに、以前にその人のために英語で推薦書を書いたことがあれば、それを機械翻訳で日本語にするのだ。この日本語の文章を下書きとして、加筆修正しながら推薦書を作っていくのは便利だ。

日本人なら日本語を英語に機械翻訳させるべきだ、と思われるかもしれないが、逆である。日本人の僕は英語の語彙が日本語より極端に少ないので、自分の日本語を英語に機械翻訳すると、僕が絶対に思いつかない麗しい表現の英語になる。それは僕の書く文章ではありえないし、もしニュアンスが違っていても自分の英語力では気づかないので、非常に危険である。一方、自分の英語を機械翻訳で日本語にするのは安心だ。およそ書きたい内容が、平凡な日本語で出力される。翻訳が間違っている場合も多いので、それを修正しつつ、自分でニュアンスを加えながら、日本語の推薦書を完成させる。最終的には自分の言葉の推薦書が完成するので安心である。

結局のところ、機械翻訳に自分の文章の翻訳をすべて任せることはできない。しかし、機械翻訳は、1文字にかける労力が今までなら英語と日本語で2倍になっていたところを、2倍弱にしてくれるとは言えよう。

AIが書けない文字

先日、研究室で機械翻訳に関する面白い議論があった。博士論文の執筆の際の利用に関しての是非である。そもそも博士論文は、自分自身の研究をもとに執筆する。しかし科学論文であるから盗用をしてはいけない。すでに出版された論文に掲載されている文章をそのまま、引用したと言わずに使うのは盗用である。では、自分が著者として出版した過去の論文から、引用したと言わずに使うのは、盗用だろうか？

「盗用」問題が世間で叫ばれた結果、このように不毛な議論をしなくてはならないのが悲しい。科学論文の価値を、ほかの論文とどのくらい文章表現が似ているかで決めるのは、ナンセンスである。しかし、盗用ルールを厳密に適用すると、自分が著者として出版した論文の文章ですら、博士論文の内容には使えないことになってしまう恐れがある。

そこで、機械翻訳を使うトリックがありうるのだ。まず、過去に自分が出版した英語論文を機械翻訳で日本語にする。そしてその文章をまた機械翻訳で英語にするのだ。そうすると、元の文章とは若干表現が違った文章が生成される。この方法で、内容は変えずに表現だけを変えることができるのだ。

例えば、この章の冒頭の文章：

「風呂の湯船でゆっくりくつろいでいたら、風呂場の鏡に字のようなものが描かれていることに気がついた。」

を一度英語に機械翻訳し、そしてそれをまた日本語に機械翻訳してみよう。すると結果はこうなる。

「浴槽でくつろいでいると、浴室の鏡に文字のようなものが描かれているのに気づきました。」

内容は同等で、見事に表現だけが変わっていることがわかる。このように文章「変換」をすると、科学論文で自動的に盗用を見つけるソフトウェアのチェックをすり抜けることができるというのだ。もちろんこれは冗談であり、実際にそれをやった人の話は聞いたことがない。

しかし、この方法の結果が示唆することは大変興味深い。翻訳とは文化観念の共通項でしか行えないので、その言語特有の文化背景が失われる。先の例でも、「湯船」が「浴槽」

に変換されていたり、ということが見受けられる。つまり、ポジティブに捉えれば、日本語でしか伝わらないニュアンスはこの方法で消去できるのだ。『吾輩は猫である』を英訳し、また日本語に翻訳すれば、「私は猫です」となる。「私」を表す多様な表現がある日本語の特徴を、機械翻訳は一瞬で消すことができるのだ。機械翻訳が、自分という個人が書いた文章の個性を消し去ることが、容易にわかる。

つまり、人工知能がたくさんの文章を高度に作成できるからといって、人間の書く1文字の価値が減るわけではないだろう。人工知能は個性のない作文を大量にこなす。一方で人間は、その個人の人生が滲《にじ》んだ文章を生成する。だから、いかに人工知能が現在優れた機能を持っているとはいえ、僕が書く1文字の価値は、そう下がらないだろう。

ただ、人工知能の進化の速さから見て、僕の意見も3年後には変わっているかもしれないが。

文字が人間に入力される

人間も所詮、目から文字情報を入れて、手から文字情報を出す「箱」である、とも考えられる。僕は今まで人生で何文字読んで、何文字書いたのだろうか。

別に、文字数が多ければ良いものでもない。読んだ量に比べて書いた量が多ければ良いわけでもないだろう。ただ、自分という人間が、結局のところ、こうして文字を出力したり言葉を発したりして人生を送っているのであるから、文字数は僕の人生の量的意味の一部をなすはずだ。人生の評価は僕の興味の対象である。

インターネットが始まる前だったなら、自分という箱に入力された文字数を数えやすかったろう。自宅にある本の冊数や、毎日どの程度新聞や雑誌を読むのか、それらをまとめれば計算できるだろう。しかし現在、文字情報はネット上で大量に流れている。自分に入力される1文字の価値は非常に下がっている。自分が出力する1文字の価値も同様に下がっているなら、入力と出力の比は、昔からそう変わってはいないのかもしれない。

物理学者の書く論文を見てみれば、入力と出力の比は想像できる。科学論文には必ず、参考文献リストが記載されている。つまり、その論文が書かれた際に参考にした論文である。簡単に言えば、著者はそれらの論文を読んで自分に入力し、そして論文を書いて出力したのである。

僕の素粒子論学界では、参考文献リストにある論文の数はおよそ数十から100程度だ。つまり、入力と出力の比は、その程度ということになる。僕はおよそ100編の論文を書いたから、引用した論文数はおよそ数千ということになろう。これらが入力として、物理学者の僕の血肉となっている。いや、血肉ではなく、僕の脳の中のニューロンの結合となっている。

入力量と出力量の比が重要なわけではないが、この比が数十であるという事実は興味深い。科学的活動においては、入力の数十分の1の量の出力を、僕は行っているようだ。この統計が永久に続くのなら、入力を減らせば出力も減る。すなわち、論文を読む時間が減れば、自分で書ける論文の数も減るだろう。

文字の情感が生む、真の価値

当たり前のことだが、論文の価値は、そこに書かれた文字数ではない。その論文に含まれるアイデアや発見、成果が価値を決めている。これらはすべて、その論文という文字情報が世間に展開された時期に大きく依存している。タイミングがその文字情報の価値を決める大きな原因となっている。

僕に入力される文字情報も、入力時の僕の脳の状態に大きく依存して評価が決まったりする。一方で、数十年前に入力された情報が、新たに意義を与えられて評価され直し、使われて出力されることもある。入力された文字情報の評価は、出力よりずっと複雑で、従って文字数などという尺度で測れるものではない。自分にとっての1文字の価値というのは、自分でも予想ができない挙動を示すものなのだ。

小学生の娘が風呂場の鏡に残した文字を眺めていて、ふと、もう大学生になったもう一人の娘が、小さい頃に僕に渡してくれた手紙を思い出した。ひらがなが間違っているが、一所懸命に書いてくれたものだ。その文字が書かれたのは20年近く前のことになるし、手紙自体、もう残ってはいない。しかしその文字の情感は、自分の心にずっと残っている。

この文字の情感は、明らかに、その手紙をもらった当時の情感とは異なっている。現在では、娘のその後の人生が思い返されて、それと重なり、全く異なる情感を生み出している。文字に人生が重なる、その時に、文字は力を持つ。

風呂場の文字の価値は、とても儚い。しかし、これからの僕の人生において、大変長く続くのかもしれない。この矛盾する価値が、すなわち、文字の恐ろしい可能性である。

僕は娘に、鏡になんと描いたのかを聞きに、ゆっくりと風呂を出た。

（2023年3月）

朝食の物理

我が家の朝食はいつも、パンとコーヒー、そして果物にヨーグルトである。ここに物理学が潜んでいるということは、なかなか世の中には知られていないであろうから、我が家の朝食の様子を描写することで、いかに物理学が普遍的であるかを読者の皆さんに体験していただくことにしよう。

そもそも物理学とは、あらゆる「物」がどのような「理」屈でそのように動いたり形取ったりするのかを知り、究める学問だ。「あらゆる」と銘打つ限りは、それは朝食にも昼食にも、はたまた夕食にも現れるのは必然なのである。物理学者を自負する僕が朝食の支度をするとき、朝食の物理学が顔を出すことになる。

桃と正多面体

今朝の果物は、ちょっと贅沢に、桃だ。桃はチャレンジングである。なぜなら、2次元球の多面体近似という問題に直面するからである。

物理学は、近似を行う学問であるとも言える。この世のあらゆる「物」には形があり、とりうる形状はたいへん豊かである。3次元空間内のコンパクトな2次元面でトポロジー（121ページ用語解説参照）が球と同じものに限ったとしても（つまり、一般の言葉で言えば、穴がない表面に限ったとしても）、サイコロのような立方体から、桃のような複雑に曲がった面で表面が構成されるものまで様々である。立方体なら、一辺の長さがわかれば、体積が瞬時に公式で求められる。しかし形状が複雑であればそうはいかないのだ。体積がわからなければ重さが推定できない。重さがわからなければ、どの程度の力を加えればそれが動くのかがわからない。つまり物理学を用いるために必要な情報がそろわないのだ。従って、物理学を用いるには、近似を行わねばならない。例えば、桃を球で近似するのだ。そうすれば桃の体積を一瞬で計算できる。

ある朝僕は、妻の買ってきた桃を冷蔵庫に発見し、ほくそ笑んでいた。球で近似すると、半径がおよそ3センチメートルの桃だから、体積がおよそ100立方センチメートルで、ほとんどが水分であるから重さはおよそ100グラムだ。そっと手で持ってみると、ふむ、これが100グラムか、自分の勘とそぐわないな。

しかし次の瞬間、僕は桃にチャレンジされていた。桃を切るのがたいへん難しいという事実を思い出したからである。

「切る」と言っても、単に切るだけではない。我が家には腹をすかせた子供が2人おり、妻と僕を合わせて4人。果物のような全員の好物は、4名に体積が等しく配分されなければば、文句が出るに決まっている。すなわち、これは数学上の問題に格上げされるのだ：

「桃を4等分せよ」

桃が難しいのは、実はトポロジーとしてりんごや梨とは異なるからである。トポロジーとは、ぐにゃぐにゃと変形させれば同じになるものは同じ形とみなす、というとても粗い近似のことである。さっき「サイコロと桃はトポロジーが同じ」と言ったのはそういう意味である。では桃もりんごも梨も同じではないか、と読者は思われるかもしれない。違う。表面を見れば同じであるが、桃は内側に硬く大きな種があるのだ。その点を含めれば、桃はトポロジーが違っており、外側の球面に加えて内側の球面、つまり種を覆う球面が存在するのだ。

りんごなら、中の種は小さすぎるので包丁を入れるときに気にする必要がない。従って、4等分は非常に簡単である。まず球の赤道面で切り、そしてそれをさらに、元の赤道面と直行する面で切ればよい（りんごの回転対称軸については、りんごを球面で近似しているため、考えなくてよいことにしよう）。

桃はそうはいかない。真ん中の硬い種を避けるように包丁を入れねばならないため、赤道面で切ることができない。しかも、種だけを残すように切りたい。桃は高価だ。なるべ

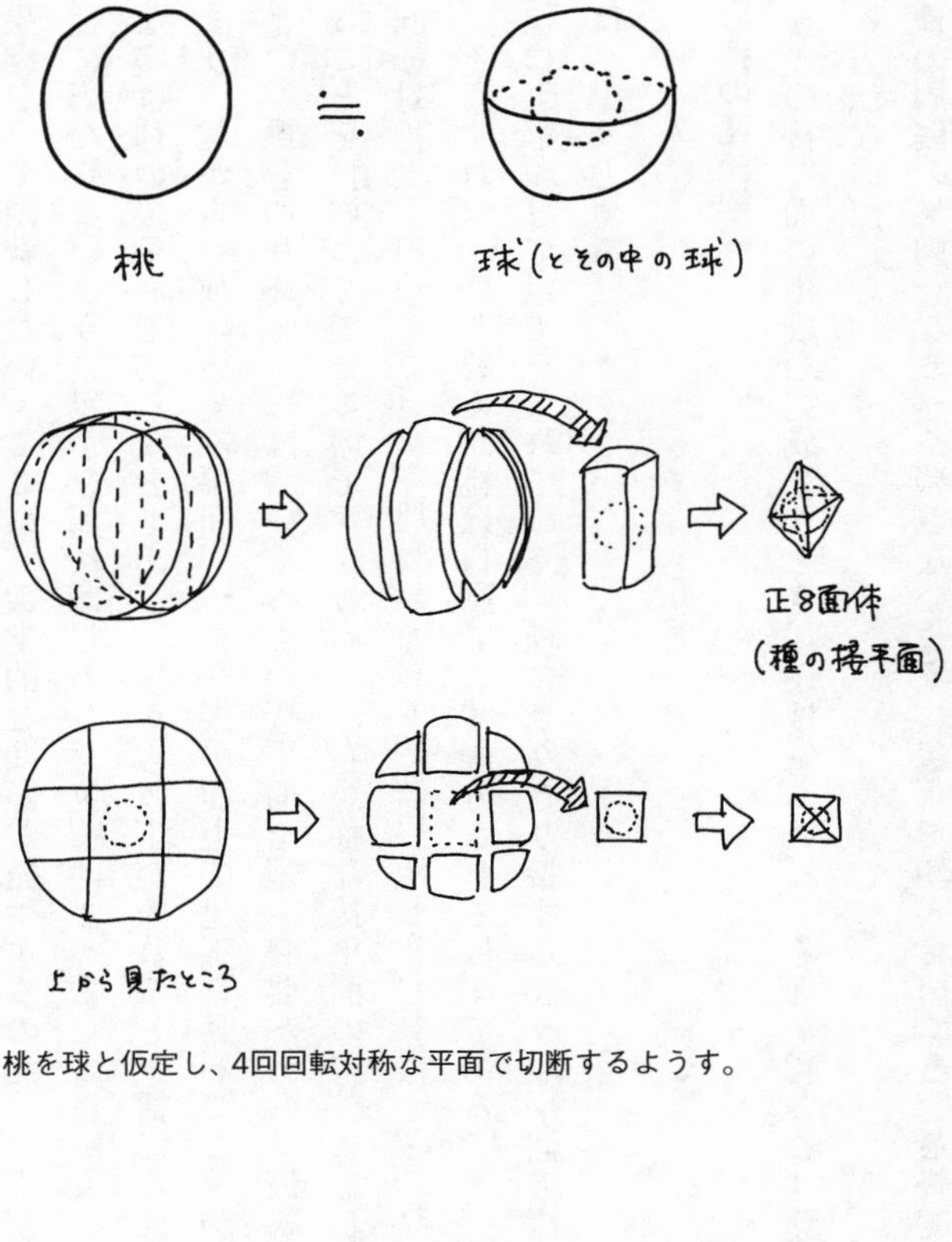

桃を球と仮定し、4回回転対称な平面で切断するようす。

く果肉を全て消費したい。ここに、数学的な問題が発生するのだ。

種に当たらないように包丁を入れはじめる。包丁はまっすぐにしか入らないため、理想的なのは種の接平面で切ることである。種から包丁が離れると、捨てる部分が多くなってしまう。だから、種に接する平面、つまり接平面上で包丁を動かすことが必須である。

また、桃を切り終えるには、いくつもの接平面を選ぶ必要がある。最終的に桃を4等分することを目標にしているので、なるべく左右対称な接平面の選び方をしたい。いや、4回回転対称（4回回すと元に戻る回転。すなわち90度回しても変わらないこと）な接平面で切りたい。そうすれば、切り終えた桃は自動的に4等分されるはずである。

種に気をつけて包丁を入れていく。種にぎりぎり接するような平面の探索に成功して、僕はニヤリとする。

桃の種の連続極限

4つの接平面の生成を完成したとき、僕は気づいた。そうか、これは球を多面体で近似する方法なのだ、と。

種の周囲の果肉をなるべく残さないように包丁で切っていくと、最終的には、平面で構成された角張った物体が生成される。中はギリギリまで種が包含されている桃である。表面は多面体だ。

古代から、円を多角形で近似する方法が模索されてきた。古代バビロニアでは、円に接する正六角形の周囲の長さから円周の長さを近似する方法が知られ、それが円周率パイの近似値として使われていたそうである。江戸時代の数学者である村松茂清《しげきよ》は、正3万2768角形の周囲の長さを計算して、円周率の小数点以下7桁目まで求めている。辺の数が多ければ多いほど円に近づき、近似の精度が上がる。これを連続極限と呼ぶ。今回の桃問題は、円ではなく球であるから、さらに高度な問題であることは疑いない。

簡単のため、種の表面を球面であると仮定すると、美しい切り方、すなわち対称性の高い切り方は、正

用語解説

連続極限（高校数学 / 大学物理レベルの用語）

本来滑らかな曲線や曲面で構成されているものについて、計算でその性質を知ろうとしたときに、計算しやすい直線的な形状で近似をします。このような数学を「離散幾何学」と呼びます。例えば電光掲示板は小さな画素の集合体で滑らかな絵や字を表現します。小さな直線的構成物がとても小さくなれば、元々の滑らかさが表現できますね。この操作を「連続極限」と呼びます。素粒子物理学では、空間さえも全部区切って格子にしてしまって計算をし、その後で連続極限を考えます。

もう少し知りたい方へ

関連する書籍[一般向け]：『円周率を計算した男』（新人物文庫）鳴海 風 著

多面体（117ページ用語解説参照）であろう。正多面体とは、1種類の正多角形を組み合わせて多面体を作ったものであり、正多角形とは辺の長さが同じ多角形のことである。僕の目的は桃を等分することであるから、対称性が高くないといけない。

正多面体は5種類しか存在しないことを思い出し、僕はワクワクした。5種類の中で、4回回転対称性を持つものは、正6面体（立方体）と正8面体しかない。面が多い方が、球をよりよく近似できる、すなわち余る果肉は少なくなる。従って僕が目指すべき接平面の選び方は、正8面体を生成する切り方である！

僕は解に達して小さくガッツポーズをし、慎重に包丁を進めた。果たして、美しい正8面体の種桃が誕生した。接平面の対称性のため、生成された果肉片は4等分できるはずである。数学の証明があるから、そうなっているはずである。

しかし、4つの皿に分けようとすると、どうも等分になっていない。そうか、桃は完全な球ではなく、表面の凹《へこ》みや、種が少し中心軸からずれていたり、といった非対称性が大きいのか。目の前には、明らかに家族で取り合いの喧嘩になりそうな4つの皿が並んでしまっていた。

仕方なく、妻に相談した。「等分に分けたつもりやってんけど、これやったら喧嘩になるやんなぁ」

すると妻は答えて言う。「包丁貸してみ、桃をもっと小さく刻むんや。ほんで、ヨーグルトに全部あえたら、ぴったり分けれるやん」

僕は驚愕した。妻は江戸時代の村松茂清のように、連続極限をとったのだ。

こうして、今日も平和な朝食がスタートしたのであった。

ちまきと正多面体

ある日の朝食には、珍しいものが並んでいた。「ちまき」だ。「昨日駅前で、こうてきたんよ」と妻が言う。子供たちは喜びの顔でちまきを眺めている。三角のちまきは、大きな笹の葉に包まれ、笹の葉が開かないようにタコ糸のようなもので一個一個、縛られている。蝶々結びで縛られているタコ糸をほどこうとして、娘が苦労している。一緒に蒸したためだろう、蝶々結びが固くて、ほどけないのだ。いくら糸の端を引っ張ってもほどけない。しばらくして、娘がヘソを曲げた。そりゃそうだ、おいしそうなものを目の前にして、自分の技術力が低いために食べられないのだから。

僕の目の前にも同じちまきが置かれている。僕は気づいてしまった。これはチャレンジ

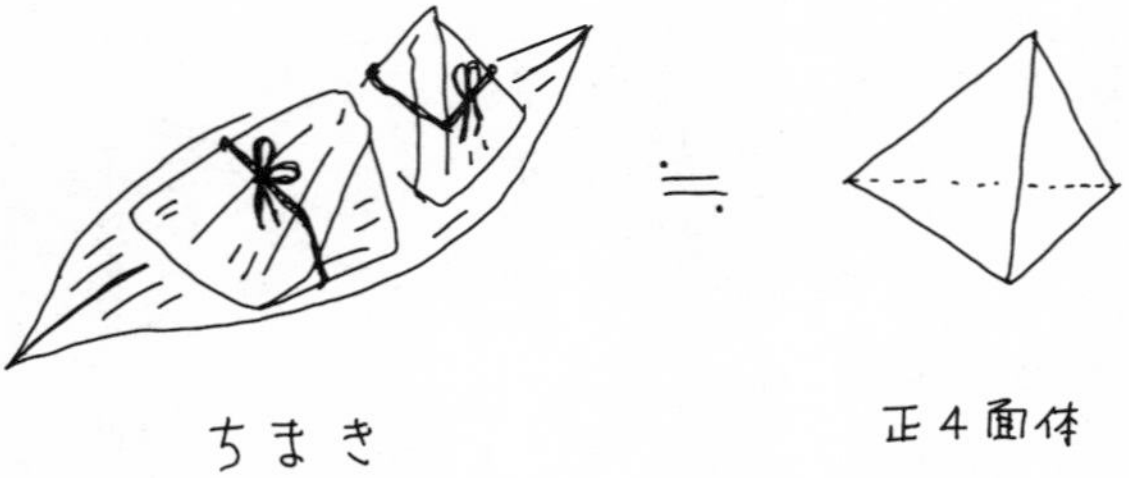

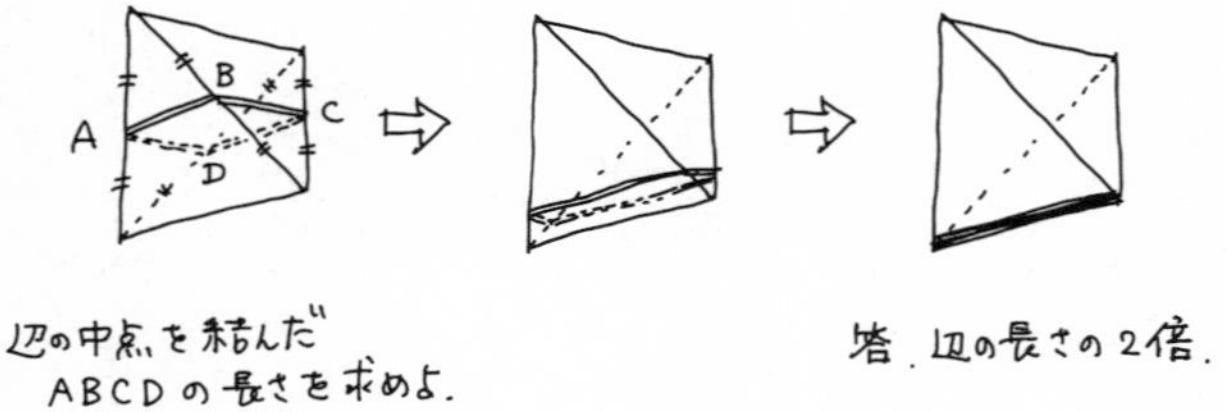

ちまきを正4面体と仮定し、切断面の周長を変えずに面を変形するようす。

である、と。

タコ糸をハサミで切るのは簡単である。しかし、料理バサミをキッチンまで取りに行くのは面倒だ。何より、家族の視線が僕に向けられている。物理学者でもある父親はこの事態をどう打開するのか、と。

僕は黙想モードに入った。そう、ちまきは正4面体の形状をしている。それがなぜであるかの考察はまた食後のお楽しみにしておこう。まずは、一個のちまきを正4面体で近似したとする。

ちまきを縛っているタコ糸は、その縛り方の美しさのためか、もしくは構造の安定性のためか、ちょうど正4面体の辺の中点を通っているように見えた。

中点を結ぶ線の長さを求めよ、といった問題は、中学入試などに頻出する。タコ糸の長さは一定であり、伸ばせないのだから、タコ糸を外すには、求めた長さより短い周長をもつ切断面を探せばよい。これは数学の問題である。「正4面体を全ての面を通るように切断する場合、その切断面の周長の最小値を求めよ」

僕はこの問題の証明法を知らないが、答だけはわかる。実は、眼前でちまきを巻いているタコ糸の配置が、最小値を与えている。なぜなら、そうでないとすれば、タコ糸が緩んで外れてしまうはずだからだ。

もしもそれが唯一の（たった一つの）解ならば、タコ糸を外す方法はない。なぜなら、それが最小の長さなのだから、タコ糸を伸ばさずに動かすことはできないからだ。しかし、僕は気づいた。これは唯一の解ではない。タコ糸の長さを変えずに、ずらしていくことが可能なのだ。それは、ある辺に平行にしながら、タコ糸を均等にずらしていく方法だ。

僕は頭の中で、ずらしてもタコ糸の長さが変わらないことを証明した。これは、正4面体の展開図を描けば簡単にわかるのだが、読者の宿題としておこう。

以上の考察を20秒間で終えた僕は、娘が見つめる中、そっとタコ糸をずらし、見事にタコ糸をちまきから取り去った。そして、中のおこわをおいしく頬張った。子供たちの拍手を聞きながら。

非自明なドーナツ

たまには果物ではない、甘いものが朝食のテーブルにあるといいな、と思いながらドーナツ屋に入ってみたとき、僕の目は一つのドーナツに釘付けになった。非自明なトポロジーをもつドーナツがある!

ドーナツというと、輪っかの形をしたものが定番であるが、輪っかの穴がないものもドーナツ屋で売っている。どうやら、ドーナツの定義は穴の数ではないらしい。トポロジーでドーナツを定義していると思っていたのに、残念である。

穴があるかないかだけの違いしかドーナツには楽しみがないと考えていた僕の目に留まったのは、その新種ドーナツだった。それは、非自明な「結び目」をもつドーナツである。

輪っかであるドーナツは、その表面だけを考えるトポロジーであれば、穴があるかないかの分類になる。しかし、輪っかのドーナツを細くする極限を考えると、閉じたひもと同じであると考えられる。輪ゴムも同じだ。このとき、閉じたひもには様々な絡み方が存在することに注意しよう。普通の輪ゴムの形に加えて、どうしてもほどけない絡み方もある。これを分類するのが数学の「結び目理論」だ。

僕が店頭で見たドーナツは、ほどけない結び目「トレフォイル・ノット（三葉《さんよう》結び目）」と呼ばれている。これは最も単純な非自明な（つまり輪ゴムの形ではない）結び目であり、その絡み方に右手型と左手型が存在する。そのドーナツは、右手型であった。

右手型と左手型は、鏡に映すと移り変わるものである。ちなみに、現代で知られている素粒子、つまり宇宙の全てを構成する最小構成物には右手型と左手型をもつものがある。結び目はこの宇宙を構成する物理学と関係する可能性があるのだ。実のところ、

用語解説

正多面体（小学校算数レベルの用語）

正多角形を組み合わせてできる多面体を「正多面体」と呼びます。日常的に最もよく見かける正多面体は正6面体、すなわち立方体でしょう。立方体を積み上げていけば空間を埋め尽くすことができますね。こういった、空間を多面体に分割する方法を「単体分割」と呼びます。空間自体を単体分割し、そしてその多面体の辺の長さを動かしたりすると、空間が踊り出します。この方法は、曲がった時空を表すアインシュタインの相対性理論を計算するときに用いられます。

もう少し知りたい方へ

関連する書籍［中高生以上向け］：『多面体百科』（丸善出版）宮崎興二 著

物理学者ケルヴィン卿は19世紀に、渦《うず》の結び目こそが原子の種類を決めているのではないか、と提唱したこともあるのだ。その説はその後様々な実験が行われた結果、棄却されたのだが、興味深い話である。近年でも、素粒子物理学と結び目を関連させる研究が盛んに行われている。

なんと、非自明な結び目を食すことができる時代がやってくるとは。僕はそそくさとそのドーナツを買い、次の日の朝食を楽しみにすることにした。

しかし、翌日の朝まで待ちきれない。あのドーナツは本当にトレフォイル・ノットなのだろうか？　ひょっとすると表面がそのように見えるだけで、中は特に結び目になっていないのではないか？

買ってきたドーナツの箱を見ると、もう開いていた。ドーナツが1個しか残っていない。家族に聞けば、「結構おいしかったよ」と言う。ちがう、そうじゃない！　味が問題ではないのだ！

僕は1個残っていた非自明なドーナツを皿にのせ、眺め回した。ひっくり返してみると、やはり予想した通り、ドーナツ生地の接合部が見える。非自明な結び目を切れ目なしに作っているはずはないから、どこかで接合しているはずだと予想したのだ。

接合部を慎重に切断する。そしてドーナツをほぐしていく。すると、確かにそれは1本に繋がっていることが確かめられた。これは、正しくトレフォイル・ノットのドーナツであった。

トレフォイル・ノットのドーナツ

僕はその繋がって皿からはみ出した長いドーナツを、ぐるぐると動かして観察していた。ふと気づくと、妻の白い目があった。「あんたドーナツの食べ方、間違ってんで」

子供の喧嘩にみる物理学史

あれだけ慎重に分けられた桃の朝食を前にして、2人の子供は、犬も食わない喧嘩をしている。2枚ずつ分けられたハムの残りをどちらが食べるか、の論争である。「私の方が体が大きいからカロリーが必要だ」「昨日は私が食べた枚数が少なかった」など、止めどなく論理が展開され、決着がつきそうもない。あれだけ気を遣って分けられた桃のヨーグルト和えは、手付かずで2人の前に残されている。

僕は妻に目配せし、顔を見合わせて笑った。公平に物を分けるための人類の努力は、これからも続いてゆくのだ。おそらく人類が存続する限り、永久に。

僕としては多様な物理学やトポロジーを駆使して朝食問題に挑んだつもりであったが、物理学による解は今朝の子供たちの喧嘩を止めることはできない。何と虚しいのであろう、万能であるはずの物理学よ。

物理学は人類に万能感をもたらす学問である。素粒子物理学は、ついに宇宙の構成物として17種類の素粒子を突き止めるに至った。世の中では現代物理学を駆使したデバイスであるスマホが生活必需品として君臨し、人類の生活は物理学で支えられている。なぜ、物の理《ことわり》を究める学問がここまで発展したのだろうか？

その理由が、子供たちに公平に桃を与えようとする親の気持ちに隠されているかもしれない。子供たちが喧嘩をするのは、生存本能である。自分の食料をなるべく多く確保したい、という生物の本能が喧嘩を生んでいるのだ。縄文時代から社会化した生活を営む人類は、そのような個人の間の瑣末《さまつ》な争いはなるべく避け、社会やコミュニティ全体の脅威の対策、社会を回す営みに時間を使う重要性に気づいた。個人の喧嘩を生まないためには、平等と公平性が必要だ。数学はまず、数という概念に基づき、割り算を定義し、誰が計算しても答えが同じになる論理を構築した。算数で基準となる「等号」は、まさに「子供1の取り分」=「子供2の取り分」の意味で発展してきたのではないかと考えるのは自然であろう。

この算数に本質的に必要な「数」という概念は、目の前の食料の量を知るために必要である。家族が何人いて、桃が何個あるか。すると、桃で家族はあとどのくらい生きることができるのか。こういった動機で始まったであろう「数」の概念の獲得は、そもそも、あらゆるものが「数えられる」ということが基準になっている。

用語解説

トポロジー（大学数学/物理レベルの用語）

トポロジーは数学の用語で、「繋がり方が変わらないものを同じものとみなす」という考え方のことです。例えば、ドーナツの表面と持ち手のついたコップの表面は、トポロジーが同じだ、と言います。複雑な形のものでも、まずはトポロジーで分類するなど研究する道が開かれます。物理学でも、様々な物質や数学的な表現においてトポロジーが活躍しており、2016年のノーベル物理学賞は物質が非自明なトポロジーで特徴づけられるという発見に対して与えられました。

もう少し知りたい方へ

関連する書籍[中高生以上向け]：『トポロジーの絵本』（丸善出版）G.K.フランシス 著、宮崎興二 訳物理学において、ものが「数えられる」というのは当たり前ではない。例えば素粒子のうち、光の素粒子すなわち光子は、他の素粒子にすぐ吸収されたりするので、数えられない。一方で電子（そして電子が属する「レプトン」と呼ばれる素粒子の種類）は、数えられる。数えられるかどうかは、ある瞬間に数えたとして、数秒後にもう一度数えても同じ数になっている、ということが前提になっていることに注意しよう。つまり、数が保存されていることが「数えられる」ことに必要なのだ。保存の法則、すなわち保存則は、物理学で最も基本となる概念である。例えばエネルギーを数量として扱えるのは、エネルギー保存則が物理学に存在するからだ。

このように、数えられるかどうかというのは、太古の人類がチャレンジし獲得した概念ではあるが、現代の物理学でも受け継がれ、宇宙の法則として研究されている対象なのだ。子供たちが朝食を取り合う喧嘩が永久に続く限り、物理学はさらに進展していくかもしれない。そう思うと、犬も食わない喧嘩も、微笑ましくなる。

明日の朝食も、物理学を駆使してチャレンジだ。

（２０２１年12月）

通勤の物理

バス停でバスを待っていた。時刻表に書かれている時間より、もう8分も遅れている。イライラする。バスはおおよそ10分おきにあるはずだから、次のバスが来る時間にもなるじゃないか。僕はスマホを見て、あるアプリを確認した。すぐに、遅れたバスがやってきた。僕はそのバスをやり過ごし、次のバスに乗った。そして、ほくそ笑んだ。イライラは吹き飛んでいた。

混むバスを避ける秘策

僕がスマホで確認したアプリは「ポケロケ」といって、今自分がいるバス停から見て京都市バスがどのくらい手前にいるかを知ることができるアプリである。ポケロケを見ると、やってくるバスが一つ手前のバス停に到着しているのがわかった。しかし僕にとって重要なのは、自分の予想の確認だった。その次のバスは、すぐ後ろを走っているに違いないと予想したのである。果たして、それは正しかった。ポケロケには、次のバスがすぐ後ろを追走している様子が表示されていたのだ。

遅れてやってきたバスは、僕の予想通り、非常に混んでいた。座るどころか立つ場所もほとんどない。しかしその次にすぐにやってきたバスは、ガラガラでほとんど人が乗っていない。これも予想通りだった。僕は悠々と乗り込み、バスの座席に腰掛けて、パソコンを開いた。寺田寅彦《とらひこ》の随筆『電車の混雑について』を検索し、読み始めた。

そう、この予想は物理学者の僕の予想ではない。大正11（1922）年に寺田寅彦が書いた予想である。寺田は地球物理学者であるが、日常と物理学をつなぐ珠玉の随筆を多数残したことでも知られる。僕がその中でも愛しているのが『電車の混雑について』と題されたものだ。

寺田の考察を簡単に要約してみよう。あるバスの出発が、なんらかの原因でちょっとだけ遅れたとする。そのバスは次のバス停に遅れて到着する。すると、バス停で待っている人の数は、バスが遅れていることによって、通常より少し増えている。その人たちが乗り降りするのに時間がいつもより余計にかかり、バスの出発がさらに遅れる。するとさらに次のバス停に到着するのが遅れてしまい、待っている人数はさらに増え、それがまたバスの出発を遅らせる……。このように、バスの混雑はどんどんひどくなるだけである。一方で、遅れたバスの次のバスを考えてみよう。前のバスが遅れたため、次のバスがバス停にやってくるまでの時間が短くなる。すると、バスを待つ人数も少なくなる。次のバスは混雑が減る。前のバスが遅れれば遅れるほど、平常運行できる次のバスはますます空《す》いてい

時 分	南行	五分間車数	北行	五分間車数
7 55		0	時 分 秒 7 55 40 ○ 58 18 ○	2
8 0		0	8 0 0 △ 2 31 × 3 43 ○	3
5	時 分 秒 8 6 43 ◎ 8 16 ○ 8 54 △ 9 27 ×	4	7 23 ○ 9 50 △	2
10	12 35 ×	1	12 32 ×	1
15	15 43 △ 16 19 × 16 31 ×× 17 24 × 18 55 ×	5	19 34 ○	1
20	22 0 × 23 15 × 24 35 ×	3	20 52 × 21 48 ×× 23 28 ×	3
25	29 30 △	1	27 18 ○ 28 28 ×× 29 21 ○	3
30	30 23 × 32 45 × 34 33 △	3	33 44 ×	1
35	36 36 ○ 37 31 × 38 22 ×	3	38 34 △ 39 5 ××	2
40	五分間平均 2.2		平均 2.0	

寺田寅彦の調べた、路面電車の時刻と混雑度。◎は非常に混雑している。×は空いていることを示す。

く。

みなさんも驚いたことがあるのではないか。バスに乗っていて後方を見ると、同じ行き先のバスがすぐ後ろにぴったりついてきていた、という現象だ。しかもそんな時、自分のバスは混んでいる。この現象は、寺田の考察で簡明に説明できるのだ。

バスの現象を物理学でひもとく

寺田は自分の仮説を確かめるため、ある夜に東京の市電の神保町《じんぼうちょう》停留所の近くで懐中時計を手にし、やってくる路面電車の時刻と混雑度を目測で記録した。これは随筆にそのままデータが掲載されている（126ページの表）。そして、仮説通りになっていることを発見する。これは推理小説にも匹敵するスリリングな随筆である。

現代は大正時代より便利な時代である。寺田仮説の検証には、スマホを開くだけで良いのだ。例えば東京都交通局の都バス運行情報サービスのサイトを開くと、現在のバスの位置が一目瞭然に確認でき、同じ行き先のバスが非常に短い距離間隔で動いているのが見て取れる。はあ、おそらく先を行くこの遅れたバスは非常に混んでいるだろうな、と僕はニヤニヤしながらそれを眺めるのである。

寺田は随筆にその物理法則まで予想している――「最も簡単な理想的の場合だと、停車回数に等しい

用語解説

指数関数（大学物理レベルの用語）

関数とは、なんらかの数が入力された時に、なんらかの数を出力する、そういうプログラムのようなものです。物理学でよく使われる関数として、三角関数や指数関数といったものがあります。三角関数はサインやコサインのことで、出力される数字は −1から1までの間だけですが、指数関数は爆発的でどこまででも大きくなっていきます。振動したり爆発したりする関数を使って、さまざまな現象を表現していくのが物理学である、と言えるでしょう。

もう少し知りたい方へ

関連する書籍[一般向け]:『関数とはなんだろう』(講談社ブルーバックス)山根英司 著

★寺田寅彦氏の路面電車の時刻定理の証明.

・n番目の停留所における発車遅延時間を t_n とする. $(t_n>0)$
・簡単のため全ての停留所に毎秒一定人数 μ の客が来るとする.
・停留所での時刻表の時刻間隔を T とする. $(T>0)$
・各停留所で電車に乗り込むのに毎秒 $\tilde{\mu}$ の人数速度であるとする.

この時. $t_n=0$ ならば. 乗り込むのにかかる時間を $\tilde{T}$ として

$$T\mu = \tilde{T}\tilde{\mu}$$ が成立する.

$t_n>0$ とすると t_n だけ発車が遅れた電車に乗り込むのにかかる時間は

$$(T+t_n)\mu\cdot\frac{1}{\tilde{\mu}} - \tilde{T}$$ だけ余分にかかっている.

この分だけ出発が遅れるので.
前の停留所での遅れに加算される.

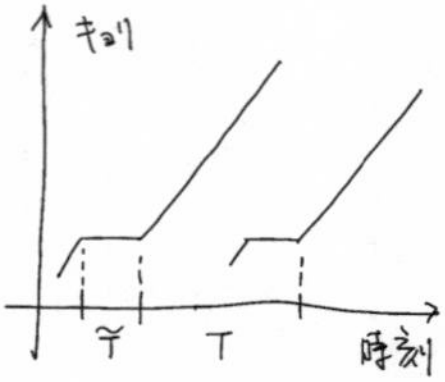

$$\therefore\ (T+t_n)\frac{\mu}{\tilde{\mu}} - \tilde{T} = t_n - t_{n-1}$$

$$\therefore\ t_n = \frac{\tilde{\mu}}{\tilde{\mu}-\mu}\,t_{n-1}$$

これは等比級数であり. 一般解は

$$t_n = \left(\frac{\tilde{\mu}}{\tilde{\mu}-\mu}\right)^n t_0$$ （$t_0>0$: 初期の遅延ゆらぎ）

注1) 一般には公比 $\frac{\tilde{\mu}}{\tilde{\mu}-\mu} > 1$ であるため指数増大.

注2) $\mu = 2$人/分, $\tilde{\mu} = 20$人/分 とすると公比 ～1.1

寺田寅彦が求めた定理「最も簡単な理想的の場合だと、停車回数に等しいべき数で収容人数が増加する」の証明。

べき数で収容人数が増加する」

この意味をかみ砕いて説明してみよう。自分があるバスに乗っていて、そのバスが遅れ始める。停車するバス停の数をnとしよう。「べき」とは、例えを表した時のnのことである。乗客数は、バス停に止まるたびに2倍、2倍となっていく、ということを寺田は言っているのだ。

この「2倍、2倍となっていく」というのは恐ろしい状況だ。例えば2の33乗は85億程度になり、33回バス停を過ぎると世界の全人口を超えるのである。このような関数を「指数関数」と呼ぶ。もちろん現実的には、ある程度バスがぎゅうぎゅうになると、客は乗り込むのを諦めるだろうから、バスは満員のまま、新たに人を乗せることなく出発するのである。

指数関数的な増大は、物理的なシステムに不安定性がある時に登場することが知られている。有名な例は、原爆だ。不安定なウラン核が分裂する時に発生する複数の中性子が、近くの他のウラン核の分裂を誘うことで、一つの核分裂が二つ以上の次の核分裂を生む。このように倍倍に核分裂数が大きくなっていくことで、爆発が生まれるのだ。このような原子力エネルギーを絶対安定的に制御するのが難しいことは、福島第一原子力発電所事故の経験が教えてくれている。

指数関数的増大は、新型コロナウイルスの感染拡大の傾向を知るための指標としても、ニュースで使われるようになった。感染した一人が周りの何人にうつしてしまうか、の数を実効再生産数と呼ぶが、この値が2なら、2倍2倍が続く指数関数であり、感染者数は爆発的に増えてしまう。

寺田の法則は指数関数を予想しており、指数関数は爆発的だ。爆発のメカニズムは単純であり、また爆発現象は後戻りができないから、寺田の予想する現象はかなり現実性があると考えられる。僕はこの「バス乗客数爆発現象」をいつも楽しみに、バスに乗っている。

僕がバスをやり過ごす時には、親切な方が「バスに乗らはれへんのですか」と尋ねてくださる。僕は会釈して、バス停で僕の後ろに並んでいる急ぐ人たちに道を譲る。次のバスはガラガラやのになぁ、と思いながら。

満員電車で席を確保する物理学

さて、次は電車の話である。

通勤で毎日往復4時間を費やしている身としては、電車での座席の確保は非常に重要だ。

座ればパソコンを開いて仕事ができる。大学に10分早く着くより、座って通勤できることを選びたい。

物理学の基本的なプロセスは、「現象の観測」→「法則の抽出」→「理由の考察と仮説づくり」→「定式化による予言」→「実験による確認」、である。この考え方は、特に宇宙や素粒子、物質といった物理学の通常の対象でなくとも、応用することで大きな成果を得ることができる。僕は自分の通勤で乗る電車に適用し、毎日の4時間通勤を楽しんでいる。

まずは現象の観測だ。乗る時間帯の電車はいつも混んでいて、全く座れそうもない。立って本を開くにも苦痛なほど混んでいる。まずはその電車が駅に停車している間に、電車の先頭から最後の

用語解説

仮説（大学物理レベルの用語）

科学は多くの仮説から出発します。仮説がなければ、科学の進歩はあり得ません。仮説が定式化され、実験で確認されることで、科学理論が生まれます。仮説の段階では「科学理論」とは呼ばれず、「模型」と呼ばれます。模型のうちでも、現実には適用ができないけれども現象の背後にあるであろう機構をうまく表せるものを「おもちゃ模型」と呼んでいます。仮説からおもちゃへ、おもちゃから模型へ、そして理論へ。科学理論が生まれるには、このように多くの困難を通過し成功せねばなりません。

もう少し知りたい方へ

関連する書籍［一般向け］：『科学と仮説』（岩波文庫）ポアンカレ 著、伊藤邦武 訳

車両まで、ホームから観察する。これには、ホームの端にいて、やってくる電車を観察するのが良い。スマホで動画を撮りスロー再生すれば、何号車が最も混んでいるのかがすぐにわかる。このひと手間だけで、次回から最も空いた号車にゆったり乗ることができる。

しかし、そんなことだけでは座席を確保することはできない。そこで、なぜその電車が混むのかを調べるために、その電車の始発駅から終着駅まで、電車代を払ってひと通り乗ってみる。すると、ある駅から混み始め、他の駅では非常に多くの高校生が下車する特定の号車がある、などといった特異な現象が観察される。いくつかの電車で同じ観察をやってみると、その現象が観測される電車と、そうでない電車が存在する。そして、平日はほぼ毎日そういった現象が起こっていることも確認できる。

このように現象の法則性が抽出されれば、その理由をじっくり考えられる。ある駅で下車する高校生は、もちろん高校の始業時間に合わせて通学しているはずだ。その高校が駅の北側に位置していれば、駅の北改札に近い号車は、始業時間に近ければ近いほど、その高校の生徒でいっぱいになる。また、ある駅で突然混み始める理由は、その駅が他の路線と接続しており、接続電車から乗り込んでくるからだろう。すると、接続電車とこちらの電車の時間間隔によって、その電車から乗り込む人が多いかどうか決まるはずだ。接続電車が2両分の人数か、1両分の人数か、これは大きな違いである。接続される他社電車の時刻表を確認すれば、この増減が連動しているのかどうかは確かめることができる。

こうして理由が推測されると、法則を定式化し予言ができる。僕の「満員電車高校生定理」は、ある駅を7時XX分に出発する電車の2号車の2番目のドア近くの座席の前に立っていれば、必ず座れる、というものである。ただしその高校が休みでない日に限る。そして僕の「満員電車接続定理」では、ある駅を7時XX分と8時XX分に出発する特急は特に混雑せず、他の時刻の特急は混雑する、というものである。

時刻表や高校の位置から簡単にネット検索で定式化できるこれらの定理は、全国的に用いることができるはずだ。先述の具体的な時刻は、僕の通勤経路の場合の予言である。

僕はこれらの満員電車定理からの予言通りに、実際に自分が悠々と座れるのか、の実証実験を行った。結果、もちろん、座れたのである。そして僕は座りながら、ちょっとニヤニヤし、パソコンを開いて仕事をしたりしているのだ。

かくいうこの原稿も、通勤電車の中で座って書いている。通勤電車の中で通勤電車のことを書くのは理にかなっていると言えよう。すなわち、僕の定理の証明は、まさに今あなたが読んでいるこの原稿の存在に帰するのである。

葉書をポストに入れ（られ）ない

通勤には、もちろん徒歩の部分がある。そういえば、ずいぶん前から、妻には郵便物のポスト投函を任されていない。朝、妻に「この葉書、駅行く時についでにそこのポストに入れといてな」と言われて、葉書をカバンに入れて家を出ても、結局夜に帰宅した時、その葉書がカバンから出てくる始末だ。

ある時は、「あんた、いつも投函忘れてくるから、葉書を手に持ったまま行ったら」と言われた。なるほどと思い、右手に葉書を持ったまま家を出た。郵便ポストは、自宅から緑の小道に入って徒歩3分ほどの場所にある。もちろん、とても目立つ赤のポストである。

安心して家を出て、次に僕が自分の手に葉書を持っていることに気づいたのは、徒歩15分の最寄り駅の改札口で定期券をカバンから出そうとした時のことだった。しまった、またやってしまった。

こういったことが以前から頻発していたので、妻は僕には郵便物の投函を頼まなくなった。僕の方から「この葉書、行きしなにポストに出しとこうか？」と妻に尋ねても、「あんた『出す出す』ゆうて出さへんもんなぁ、もうええわ」との返事である。

僕だって、出さないでおこうとして出さないのではない。これは僕の「徒歩思考術」が極限まで完成された結果なのだ。

徒歩思考術による物理学の研究

徒歩は物理学の研究に必要なのだ。

僕が職業としている理論物理学とは、理論を使ってこの世の現象を解明する学問だ。興味ある物理現象がある場合、その現象を説明する仮説を考案するところが最もスリリングである。初めに思いつく仮説は、その論理が大変粗いものが多い。漠然と状況を仮定してしまっていたり、また、特殊な状況でしか成立しそうにない論理を使ってしまっていたり。そこで、粗い論理を精緻なものにする作業が必要となる。この検討は、通例非常に長い時間がかかる。ノートに数式を書き、その数式をいじくりまわす。すると問題点が明らかになってくる。問題を回避するための仮定を明瞭にし、一つ一つ検討していく。

長い時間かけて、机に座って計算をしていると、10ページや20ページもやれば、ああ、どうしようもない、というところまで到達する。それが「徒歩」を必要とする合図だ。

徒歩は散歩ではない。通勤の途中にある徒歩である。朝、家を出て最寄り駅まで15分歩く、その「徒歩」である。毎日安心して歩いている道を、歩く。家を出た瞬間に、頭の中に埋め込んでおいた「問題」が目の前に現れ、深い思索の途につく。

あの計算のどこかを間違っていないだろうか。ひょっとしてセットアップに間違いがあるんじゃないか。途中で導入した近似法の適用に間違いがあるのか。そもそも、この計算でうまくいくんだろうか。仮定が間違っていたのではないだろうか。計算や論理が一つ一つ思い起こされ、確かめられ、または覆っていく。駅に着く頃には、次に考えるべき点の糸口が見えることがある。


つまり、僕の物理学の研究には、徒歩が絶対に必要なのだ。

僕にはこの徒歩の時間が大変重要であるので、いつもすぐに思考に入っていけるような工夫をしている。それが徒歩思考術である。

まず第一に、歩く道は毎日同じ道でないといけない。もし違った道を歩くと、新たな風景の情報が目に飛び込んでくるので、思考の妨げになる。

次に、道はなるべく人通りが少なく、信号もなく、自転車も通らない方がいい。考えながら歩いていて事故に遭うのは避けたい。

そして、眼鏡を外す。僕は近眼なので、眼鏡を外すと細かい視覚情報を脳に取り入れる必要がなくなる。道に何が落ちているかを細かく知る必要は、思考には必要ないのだ。

眼鏡を外す代わりに、イヤホンをする。音楽は聴かない。イヤホンは周囲の雑音をある程度遮ってくれるので、つまりその機能は単なる耳栓だ。ただ、耳栓をして歩いていると他の通行人から奇異に映るので、耳栓の代わりにイヤホンをして、音楽を聴いているふりをするのだ。

僕は30年前の大学生の頃に、この徒歩思考術を身につけた。あの頃は自分で物理学を開拓するのではなく、もっぱら教科書を読むのが僕の学問だった。通学しながら教科書を読むにはどうすれば良いか。その結論が、徒歩思考術だったのだ。

大学生の頃はよく友人に揶揄《やゆ》された。「歩きながら教科書読まんでもええやろ、二宮金次郎か、おまえは」と。確かに、歩きながら教科書を読むと、すぐ横でノートを開いて計算を追ったりはで

用語解説

ブラックホール（大学物理レベルの用語）

ブラックホールとは、重力が強すぎて光さえもそこから飛び出すことができないような領域のことで、まさに空間の「穴」とも呼べるでしょう。たくさんの物質が1カ所に集中すると、その自重でブラックホールができると考えられます。有名な物理学者スティーヴン・ホーキングは、ブラックホールに落ち込んだ物質が持っていた情報はどこへ行くのだろう、という問題提起をしました。この問題を解決できるような物理学的な仕組みが、現在研究されているのです。

もう少し知りたい方へ

関連する書籍［中高生以上向け］：『トポロジーの絵本』（丸善出版）G.K.フランシス 著、宮崎興二 訳

きないので、計算を確かめるような読み方はできない。しかし、教科書で展開されている論理につまずいている時、その部分を目で反芻しながらゆっくりと歩くと、理解が進むことがよくある。

むろん、この徒歩思考術は、その徒歩のために入念に準備をしておけば、誰でも簡単に実行できるものだ。徒歩にちょうど良い思考課題の用意と、徒歩の環境を整えること、それだけである。

先日、ブラックホールの研究で有名なスタンフォード大学の物理学者レオナルド・サスキンドのインタビューを読んでいたら、「歩きながらいつも考えている」との話が載っていた。つまり、徒歩思考術を試しているのは僕だけではないらしい。

ただ、徒歩思考術のたった一つの問題は、ポストに葉書を投函できないことだ。

通勤の美学

時折、「理論物理学者は紙とペンだけでどこでも研究ができるのですよね」と言われることがある。もちろん、それは間違ってはいない。しかし、本当にどこでもできるのかというと、例えば家で赤ん坊が泣き叫んでいる横で研究などできないし、通勤でも大都市の乗り換え駅で人の流れにのみ込まれて歩いている時に考え事などできない。だから、できるだけ毎日の通勤を自分用にカスタマイズすることで、安心して研究という自分のやりたいことができるようにしているのだ。

だから、通勤は大事である。これは、通勤の独学、いや、通勤の美学と呼んでも良い。

葉書は、通勤途中にポストに投函するのではなく、郵便局に行って出せば良いのだ。

考えてもみると良い、自身がどれだけの時間を通勤という移動に費やしているかを。僕の場合、高校生の頃の電車通学から始まり、現在に至るまでおよそ34年間、そのうち勤務地のすぐそばに住んでいた10年ほどを除いても、1日平均2時間は通勤に費やした。つまり全部で1万時間を超える。生きていて意識があった時間はおよそ30万時間だから、そのうち30分の1は通勤に費やしたことになるのだ。恐ろしいほど大きな割合である。そして、この割合は、しばらくは減る気配がない。

僕の通勤時間だけが極端に他人より長いわけではないだろう。都会に住む人なら誰でも、このくらいの割合の時間を単なる体の移動のために費やしている。その時間の過ごし方は、千差万別だろう。いま、通勤電車の車内で周りの人たちを眺めると、半数以上の人がスマホを睨んでいる。そして残りの人たちは、座って寝ているか、立って寝ている(ここで「寝ている」とは、意識レベルが非常に低いことを言うことにしよう)。通勤の間に眠って体を休ませることが目的であるなら、それは成功していると言えよう。しかし、不本意にスマホに時間を奪われているのだとすれば、人生の30分の1をそれに費やすのは残念なことである。

通勤における僕の密かな幸せをここに詳述したのは、これをお読みになったみなさんにぜひ、通勤時間が楽しくなるようなきっかけを、との想いからである。ただ、もし日本人全員が僕の定理を用いると、定理の証明に用いる仮定が破綻して定理が使えなくなるため、口外無用ということでお願いしたい。物理学の定理には必ず、適用のための仮定が存在するのだ。仮定は、定理の作者が考え抜いた文言《もんごん》でもある。そう、慎重に守っていただきたい。

(2022年3月)

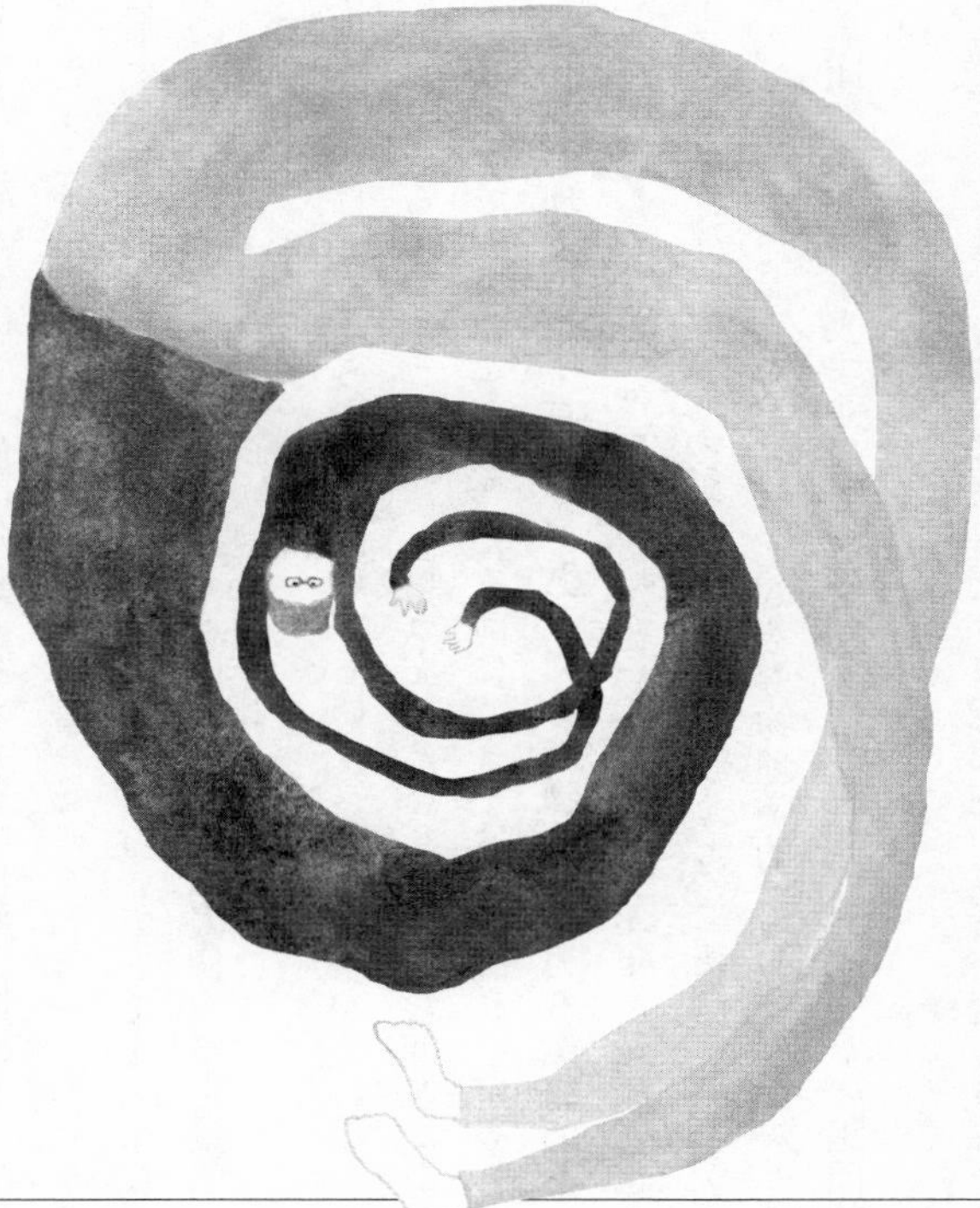

時の流れの愉しみ

時の流れとは奇妙なもので、僕の年齢ももうすぐ半世紀を迎える。半世紀というとすごく歳をとった気もするが、16億秒と換算すれば、そんなに歳をとったようにも聞こえない。時間の感覚、特に「時の流れ」というのは、人生においてとても大事な要素だろう。しかし、人生のステージそれぞれで感じ方も違い、そして個人個人で定量的に比較できるものでもなさそうだ。

物理学者としてはそもそも、時の流れ、という言葉の用法が気になってしまう。実際に時間は「流れている」のだろうか、というところに、根本的な問題があるような気がして仕方がない。人生で大事なことを考える前に、まずは時の流れを定義して定量化したいと考える。これが物理学のアプローチであり、また物理学者の職業病でもある。

松尾芭蕉は言った。「月日は百代《はくたい》の過客《かかく》にして、行《ゆき》かふ年も又旅人也」（『おくのほそ道』の冒頭）と。時間の流れを人間の動きと同一視してみることで、目に見えない「時間の流れ」を表現したものだと言えよう。そもそも物理学的には、「流れ」とは、空間内における粒子の集団的な運動を表すものである。人間も粒子であり、その集団的な運動は流れを作るものだ。

ここで「運動」とは、時刻が変わるときに空間内の位置が変わることを言う。従って、

「流れ」やその元となる「運動」自体が、時刻すなわち時間の値が変わることを前提にした概念であり、きちんと言うならば、時間は流れるものではない。時間は流れを定義するために使う前提概念だ。

まあ、そのように言ってみたところで、時間が流れているという感覚をどう説明できるのだろうか。時間は流れを定義するために必要な概念で、従ってそれ自体が流れているわけではない、というのは詭弁《きべん》に過ぎないのだろうか。

時間の流れのことをよく考えてみる前に、そもそも「流れ」というのはコントロールするのが難しいものだなあ、と思い至る。そう、先日の悪夢がよみがえってきた。

ウイルスの流れ

家族の一人が新型コロナ陽性と診断された。たまたま僕や他の家族は発症していないが、みな濃厚接触者となるので、自宅待機である。

狭い我が家。これから10日間、陽性の家族と、この狭い空間で過ごしながら、どうやって、僕を含む他のみながコロナに感染せずに過ごせるか？　いよいよ、自宅に科学の知識を総動員する時がやってきた。これは流体の問題である。

新型コロナウイルスの感染経路は、飛沫《ひまつ》感染、エアロゾル感染、そして接触感染、この3つの可能性が広く指摘されている。エアロゾルとは空気中を浮遊する目に見えないほど小さな物質であり、そこに含まれるウイルスを呼吸により吸い込むことで感染する可能性があるのだ。この小さな物質の空気中での移動を一つ一つコントロールするのは不可能に近い。そこで、家の中の空気の「流れ」を全体としてコントロールすることが必須となる。

まずは陽性者と他の家族それぞれの生活を、空間的に完全に分離する必要がある。狭い我が家をより狭くするが、感染した家族のための部屋を閉め切って隔離した。

空気のような圧縮性流体の流れをコントロールするには、気圧を用いるのが便利だ。気体は、圧力の高いところから低いところへ流れる。もちろん気圧以外にも、気温によるコントロールも考えられる。気温は流れに影響を与えるが、実はそれは間接的だ。温度が高いと圧力が増え、そして圧力が流れを作る、と考えるほうが効率的である。したがって、基本的なコントロールの方法は、気圧の直接的な調整だ。

簡単に言えば、陽性者の部屋の気圧を、他の部屋に比べて低くしておけば、その部屋の空気やエアロゾルは、他の部屋に流入しないのだ。では、気圧を下げるにはどうすれば良いだろうか。

物理の実験室において圧力を下げる場合、ポンプで気体を外に排出するのが通例である。僕は学生時代に、物理学実験の授業で排気ポンプの接続を間違えて、ポンプを台無しにした経験がある。だから実験をやめて理論物理学者になったのだが、今回ばかりは失敗してはいけない。
家に唯一存在していた一台の扇風機を、陽性者の部屋の窓際に、窓の外に向けて設置し、窓を開けて最大パワーで運転を行った。その部屋と他の部屋の間のドアは閉め、ドアの隙間に手を当ててみると、確かに他の部屋から空気が流入していることが確認された。微小な流れの流量計速には、手を少し濡らしてみると良い。風速と風向が手にとるようにわかる。これには、中学生の頃に百葉箱で気象観測をさせられた経

用語解説

流体力学（大学物理レベルの用語）

流れをデータとして捉えるにはまず、それぞれの場所での流れの向きと速さを知る必要があります。天気図には各地の風向と風速が記載されていますが、天気図を眺めていると、流れがどうなっているかが見えてきます。流れは刻一刻と変化していきます。この変化を予測するのが、流体力学と呼ばれる物理学です。流体は複雑な挙動を示します。例えば、川の流れには速い場所や遅い場所があります。その違いが、長い月日を経て、川自体の形を複雑にねじ曲げたりもします。流体の基本法則や運動方程式がわかっていたとしても、それを実際の状況のもとで解くには、大変な労力がかかるのです。

もう少し知りたい方へ

関連する書籍［こども向け］：『かわ』（福音館書店）加古里子（かこさとし）作・絵

験が役に立った。

ネット通販で最も安く、評価の高いサーキュレーターを購入する。他の部屋の空気の流れも調節するためである。そう、キッチンと風呂場の換気扇を下手に回すと、陽性者の部屋の空気が他の部屋へ逆流してしまうのだ。従って、換気扇を稼働するには、陽性者の部屋ではない他の部屋に、外気を適切に流入させる必要がある。すぐに届いたサーキュレーターをリビングの窓のそばに置き、内向きに稼働させた。窓のカーテンの巻き方を工夫し、サーキュレーターの大きさが窓の開放領域の大きさに一致して効率的に外気を取り込めるようにする。これで、圧力に起因する空気の流れの制御について、自己満足レベルの対策が完了した。あとは、実験室と化した我が家の気圧環境を、根気よく保っていくのみである。

人間の流れから推測する

人間の動きも、松尾芭蕉が言うように「流れ」である。いくら陽性者に頼んで一つの部屋に閉じこもってもらうとしても、一日中じっとしていてもらうわけにはいかない。食事もトイレもお風呂も必要だ。そしてそれらは他の家族のメンバーも必須なのだから、必然的にいろいろなものを共用することになる。新型コロナウイルスは接触感染も重要な感染経路なので、家の中で陽性者が動き触る部分が、コントロールすべき部分となる。

僕はまず、家族のそれぞれが家の中のどこを触っているかを調べてみた。自分が触っている場所については、無意識に触っているものが多い。しかし自分の行動を数時間観察すると、おおよそ判明してくる。スマホ、電灯のスイッチ、エアコンのリモコン、冷蔵庫の取っ手、トイレの押しボタン、ドアノブ……。また、家族それぞれの持ち物はおのおのが触っている。皆が触っている場所をリストにして書き出す。

陽性者と同じ箇所を触った場合、自分も感染する可能性が出てくる。これは確率の問題である。生活の中で、すべての確率をゼロにすることはできない。確率の高そうなところを狙ってコントロールするしかない。そこでまず、陽性者は家事に関する場所には出入りしないようにし、接触する箇所を非常に限定するようにした。そしてその場所すべてにアルコール消毒キットとゴミ箱を設置した。その場所だけは、使用後に必ず消毒をするのだ。また、食事の皿や洗濯はすべて別系統とし、陽性者の皿や服を手にとる時にはゴム手袋を装着した。これでおおよそ、接触感染を防げるのではないかと考えた。

ウイルスは目に見えない。しかし、ウイルスは生命体を媒介してしか自己複製はできないという科学を知っておくと、人間の行動をもとに、ウイルスの存在する領域を知ることができる。そして、ある程度はコントロールをすることができる。僕の専門は素粒子物理学だが、素粒子は一つ一つが目に見えないほど小さいものだ。しかし人類は科学を発展させ、その素粒子の性質を非常に深く知るようになった。小さいものをコントロールする。目に見えないものの性質を調べ、世の中がどう動いているのかを知る。これはまさに、物理学である。

新型コロナウイルスの性質に関する情報は、研究者の努力で日々アップデートされている。信頼できる情報をできるだけ多くの1次情報から手に入れて、自分で考える。それが、科学が教えてくれる最も効果的な対処法を与えるはずだ。この手続きを信頼できるくらいには、僕は科学を長くやってきた。

待機解除の日。陽性になった家族と、ようやくハイタッチができた。幸いなことに、他の家族は感染せずに済んだのだ。もちろん、しばらくは家の中でもマスク着用を続けておこうか、と言いながらのハイタッチだった。

光の流れの問題とペンローズ

自宅待機の間、リビングで寝る羽目になった僕は、別の問題にも直面した。換気のために窓を開けたままにすると、カーテンを完全に閉められないので、朝日が眩しくて眠れないのだ。

カーテンを閉めつつ換気を行うにはどうすればいいのだろう。幸い、カーテンは布であるため、複雑な3次元立体形状を許す。僕は毎朝、カーテンの立体形状を検討し、洗濯バサミや簡易物干しを組み合わせることでその形状を保持して、朝日が枕元に当たらないで換気もできるような「解」を探し求めた。

3日後には、およそ満足できる、奇妙なカーテン配置が完成していた。カーテンは閉まっているのだが、屋根状に上部を斜めにすることで、換気を可能にする間隙を下部に確保できるようにしたのである。安心して、朝もよく眠れるようになった。

このカーテン形状探索問題が、数学の「イルミネーション問題」に似ている、ということで僕は問題を解くのに熱狂してしまった、という事実は否めない。イルミネーション問題とは、どんな形の部屋でも電灯一つですべてを照らせるか、という問題だ。ただし、一つの部屋を間取り図のように見て、壁には光を反射する鏡を張りめぐらせても良いとする。部屋の中に電灯を一つだけ置いたときに、鏡での光の反射をすべて考慮すれば、どんな部屋の形状でも部屋のすべてをその電灯で陰なく照らすことができるか。

この問題に対して、2020年のノーベル物理学賞を受賞した数学者ロジャー・ペンローズは「反例」を与えた。ある特殊な形状の鏡部屋を考えると、どこに電灯を置いたとしても、部屋のどこかに必ず陰ができてしまうのだ。この問題の発展として、ペンローズの部屋は壁が曲面であるが、壁が平面ではどうか？　といった問題にも、近年、反例が与えられたそうだ。

このようなことが数学界の話題に上ることからもわかる通り、どこにでも光が当たるようにするというのは、数学的にも面白い問題であり、数学者が挑んでいる問題である。似たような問題として「ソファ問題」が知られている。L字の廊下を曲がることができる最大の家具の大きさを求めよ、という問題だ。この問題は数学の未解決問題である。ソファ問題も、部屋や廊下という構造の中の流れに関する問題といえよう。

つまり、部屋の中の流れというのは、数学的にも興味深い対象である。朝日の中で必死にカーテンの形状を探索するのは、自分の生活がかかっている数学の問題として、大変楽しいものであった。

もちろん、「風を通すが光を通さないようにせよ」という問題の最適解は、「カーテンを外してブラインドを設置する」である。しかし、我が家にブラインドを設置するには時間もお金もかかるから、この解は却下される。こういった制限の中で、問題を数学としてギリギリ解けるようなものに簡素化して、それを一人で解いて、ほくそ笑む。『頭の体操』（多湖輝《たごあきら》、光文社）というパズル本を熟読していた小学生の頃の自分が、急によみがえってきた。

流れの物理学と、つむじ

流れをコントロールするのが難しい、というのには物理学的に理由がある。それは、予測のための方程式を解くのが難しいからだ。例えば、高校の物理でも、投げ上げたボールの運動は放物線になることを、運動方程式を解いて簡単に求めることができる。ボールの運動の予測は単純だ。一方、流体の流れという運動は、ミクロに見れば、とてもたくさんのボールがお互いにぶつかりながら運動しているようなものであり、その予測は難しい。

古典随筆の名著、鴨長明の『方丈記』は、次の文章で始まる。「ゆく河の流れは絶えずして、しかももとの水にあらず。淀みに浮かぶうたかたは、かつ消えかつ結びて、久しくとどまりたるためしなし。世の中にある人とすみかと、またかくのごとし」。この美しい文章を、勝手に物理学風に脳内変換すると、次のような感じだ。「流体は非平衡状態である。気泡の生成消滅を見るとそれがわかる。宇宙はまさにそれだ」。

宇宙には様々な現象が発生する。その予測が難しいのは、流れを予想することが難しいから、とも言えるのだ。

世界をつぶさに見て描くことで傑作を世に遺してきたレオナルド・ダ・ヴィンチは、水の流れのスケッチ画をも数多く手がけている。ダ・ヴィンチは、流れという難しい現象を理解する鍵は「渦」である、と言っているそうだ。渦とは、流れがぐるぐると巻くことをいう。

鳴門《なると》海峡を訪ねると、自分の身長よりもずっと大きな渦潮を眺めることができる。渦は長い間消えずに漂い、しかも、その出現パターンには規則性があるように見えることもある。

気象衛星からの雲の写真にも、時にたくさんの渦が観察される。典型的なものは台風だ。台風は消えることなく、移動していく。空気の巨大な流れを、渦を基準として見ることで、流れ全体を予測していくのが、夏の天気予報である。

物理学では、渦が消えてしまわないような特殊な状況も知られている。この場合は、渦

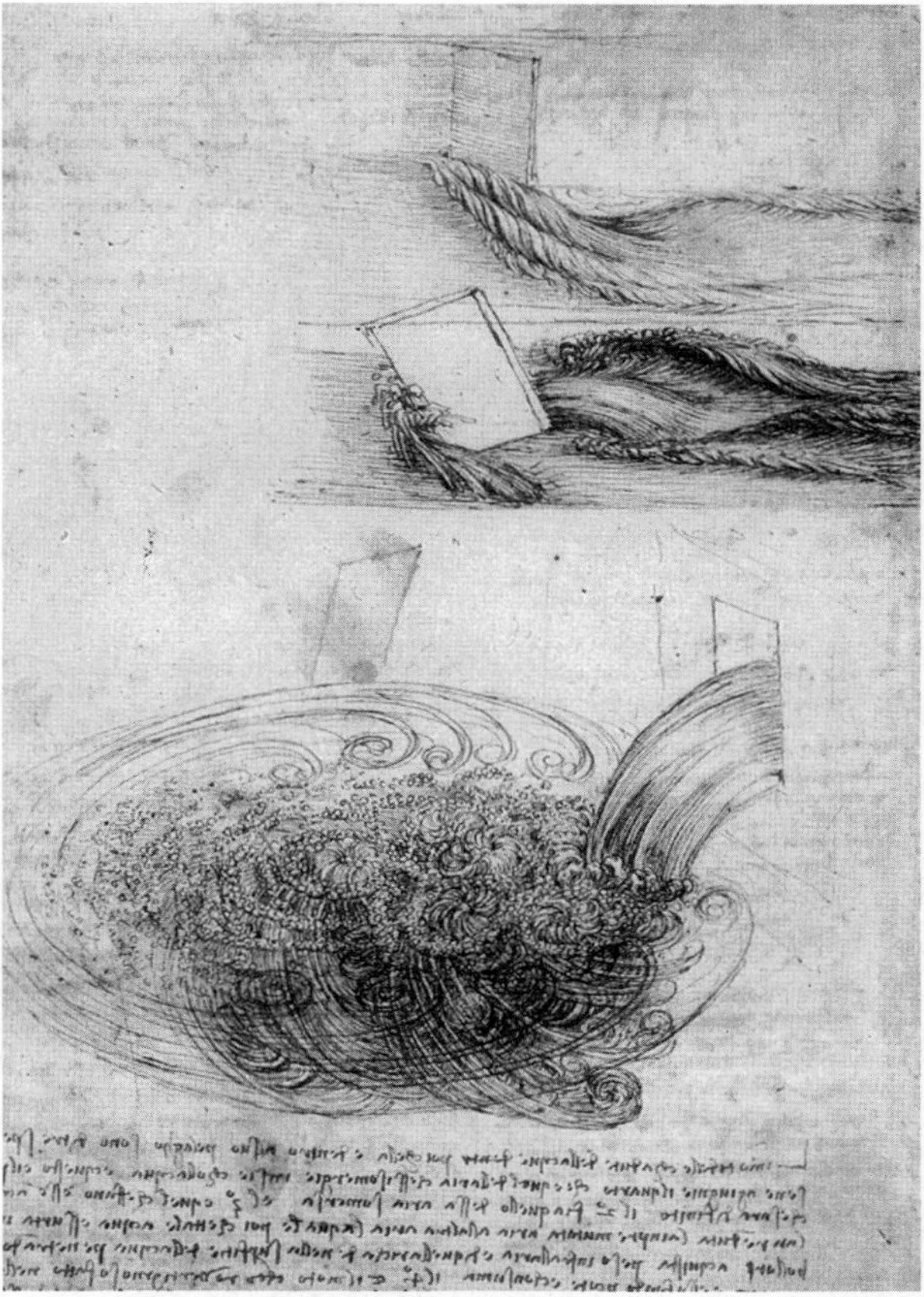

レオナルド・ダ・ヴィンチの描いた水の流れ。

Alamy Stock Photo / amanaimages

を数えることで、全体の流れを特徴づけることができ、便利だ。よく知られている例として、超伝導状態におけるマイスナー効果がある。電気抵抗がゼロになる超伝導状態の物質は、磁場をはねつけてしまうのだが、無理に磁場を強くすると、渦のように磁場が超伝導の物質の中に閉じ込められてしまう。この渦は消えることがなく保持される。同じように、粘性抵抗が消えてしまう超流動状態でも、流体の渦が消えずにずっと存在するような現象が観察される。

物理学においては、このように渦が消えない特殊な状況での理解から、一般的な流体の理解へとチャレンジしていくわけだ。消えない渦の性質は、トポロジーと呼ばれる数学で記述され、体系的に整理されている。数学の力を借りて、難しい「流れ」を理解していくのだ。

渦の例として、最も身近なものは「つむじ」だろう。誰の頭にも一つくらいはつむじがある。髪の毛の生える方向を「流れ」と見れば、その渦はつむじだ。非常に興味深いことに、つむじは消えない。そして、はげていない人の頭には、ほとんどの場合、つむじが一つだけある。このことは、トポロジーを使って証明できる。

つむじが一つしかないという証明は、何の役に立つのだろう。僕にはわからない。しかし、体毛の流れという難しい問題を解くきっかけになるというだけで、非常に興味深いのである。

宇宙の時間と自分の時間

以上のように、物理学において、流れを予測するのは大変難しい。「時の流れ」のことを科学的に考察するのは、なおさら難しい。しかし、時の流れを解明しないと、人生で損をしてしまう気もするので、なんとか、現代物理学の言葉を借りながら、時の流れについて考察してみよう。

かの有名な物理学者アルベルト・アインシュタインは、空間と時間の概念を統一し、「時空」という概念を作った。空間と時間は、一部を混ぜることができるのだ。空間の中における時間変化のことを流れと呼ぶのだから、空間と時間を混ぜる、もしくは、同じように扱う、ということになる「時空」は、流れの観点からは、より面倒な状況を生み出してしまった、と言えるかもしれない。

歴史的には、時空を取り扱う特殊相対性理論は、宇宙全体の重力を規定する一般相対性理論に昇華した。つまり、時間の流れのことを考えるには、宇宙を考えなければならない、ということだ。

面白いことに、相対性理論では2種類の時間が導入される。宇宙の時間と、自分の時間だ。自分は宇宙の中にいる。宇宙には時間が「流れて」いる。一方、自分の中にも自分が感じる時間がある。この二つの時間は、違っていてもいいのだが、すり合わせないといけない。つまり、宇宙の時間と自分の時間を同じ時刻に合わせるのだ。

合わせる、というより、合わせられる、と言った方がいい。自分の時間の刻み方は自分で自由に決めて良い、これがアインシュタインが重力理論の原理に据えた「一般座標変換不変性」だ（17ページ参照）。つまり、物理の現象はどんな座標の取り方にもよらないはずだ、という考え方である。刻み方を工夫すれば、いつでも自分の時間と宇宙の時間を合わせられる。物理の理論には、こういった柔軟性が導入されている。

物理の理論がなぜそうなっているのかは、僕にはわからない。けれども、この柔軟性を要求することで、重力の理論が規定されてしまう、物理学はそんなふうに書かれているのだ。

わからないままにその理由を想像してみると、そもそも、物理の理論というものは人間が思いつくものだから、人間が時間についてどう感じているかという認知の方法が、物理の理論に色濃く反映しているはずである。

実際、僕たちは寝ている間は時間を感じないし、朝起きたら、「今何時だろう」と時計を見て、世界の時間と自分の時間を合わせて、安心する。人間それぞれの中に時間があり、それは世界の時間と合わせることができて、世界の時間は皆にとって共通である、そういう常識の中に僕たちは生きている。

自分の中の時間を宇宙の時間に合わせているだけだ、と考えると、「時の流れ」の意味がなんとなくわかってくる。「時の流れが速いな」と感じる際は、自分の中の時間と宇宙の時間の関係が、いつもより少しずれているのだろう。だから、自分の中の

用語解説

一般相対性理論（大学物理レベルの用語）

アインシュタインは、時空の曲がりが重力である、という理論を打ち立てました。この理論を一般相対性理論と呼びます。宇宙に働いている重力は、この理論に従っています。驚くべきことに、この理論の根源となる原理は、「物理現象はそれを記述する座標系の取り方によって変わってはいけない」という極めて当たり前の考え方です。この一般座標変換不変性という原理が、重力という力を記述しているのです。かつて、素粒子物理学者の田中正は僕に言いました。「一般相対性理論が美しいのは、座標変換不変性というのが、人間の脳が外界を認知する方法と同じだから、だね」。この言葉が真に理論化された時に、人類は世界をより深く理解できるのかもしれません。

もう少し知りたい方へ

関連する書籍［一般向け］：『重力とは何か　アインシュタインから超弦理論へ、宇宙の謎に迫る』（幻冬舎新書）大栗博司 著

時間を自分で意識すれば、時の流れの感じ方を変えることもできそうだ。

つまらなくて時間の流れが遅いと感じる時など、宇宙の時間と自分の時間の関係に思いを馳《は》せてみると良い。その壮大なメカニズムを想像してみるだけで、時間を超越した感覚を、十分に楽しむことができる。そして、時間が経つのを忘れてしまう。

こうやって、僕のような物理学者は、歳をとっていくのだ。

（2022年12月）

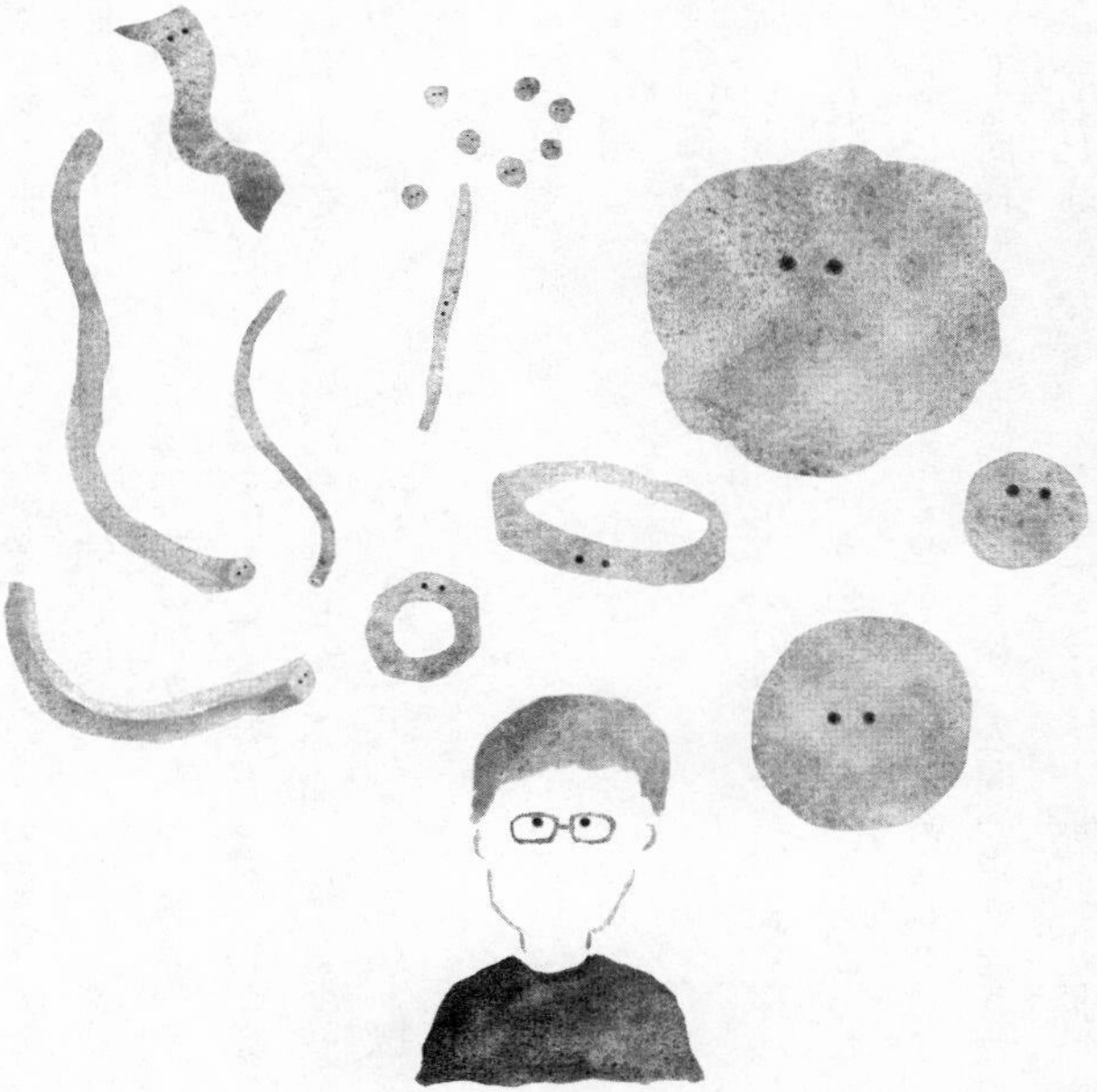

最高の食

家族でレストランに行き、各々《おのおの》、好きなものを注文した後のことである。「最高の食べ物は何?」と小学生の娘が言い始めた。

もし問いが「一番好きな食べ物は何か」なら、答えやすい。自分の好きな食べ物をそれぞれが言えばよいだけの話である。僕の好きな食べ物が娘の好きな食べ物と違っていても、特に議論する必要はないだろう。しかし、問いは「最高の食べ物」である。ここで言う「最高」は、全人類、いや、物を食べて生きる全ての生物が納得するものでないといけないのではないか。

僕は深い思考に陥る羽目になった。

食べ物の評価の困難について

「最高」というからには、なんらかの評価基準がまず存在し、その基準に沿って評価をすると、点数が最高である、という必要がある。例えばそれが「人間の身長」のことなら、自ずと答えは出る。身長の最も高い人物の記録を探ればよいだろう。もしそれが「人間の腹囲」でも同様である。他にも、もし「人間の走る速さ」のことなら、陸上競技の世界記録を調べればよいだろう。しかし、もっと一般に「人間」だけだと問題が発生する。これは「最高の人間は?」という問いのことだから、まずは何が最高なのかという評価基準を選定するところから始めねばならない。これが「最高の食べ物」の定義問題である。

食べ物の評価基準として、「おいしさ」を考えるのは、大変もっともらしい。最高の食べ物とは最高においしいものである、との考え方に納得のいく人も多いだろう。しかし、残念なことに、おいしさには一元的な尺度がないのだ。ある料理を僕がおいしいと言っても、娘がおいしいと言うとは限らない。再現性がないデータには科学的価値がない。

例えば、お腹いっぱいになる料理をおいしいと表現する人もいるだろう。珍しい料理をおいしいと言う人もいる。しかも、よりおいしく食べるには、料理を口にする順番や、食べるときのその人の体調も関係するだろう。つまり、著しく多様な評価基準が内在する「おいしさ」は、食べ物の評価にはそぐわないのだ。

もちろん、「おいしい食べ物とは何か」というテーマで永遠に議論したい場合は別であるが、今は決着をつけたいのだ。誰もが納得する方法で「最高の食べ物」を見つけたいのだよ。

そう、僕だって、今まさに座っているこのレストランを選ぶときには、インターネットのサイトで、おいしいレストランの評価点数を探ったのだ。点数が高いので、おいしい料理をリーズナブルな値段でいただけると思って、今ソワソワしているのだ。ただ、その評価点数は、「最高の食べ物」とは関係ない。

それでは「最高の食べ物」を決める評価基準は何だろうか。僕は、自分の思考を振り返ってみた。確かに「最高の人間」を決めるのは難しいが、「最高の身長を持つ人間」を決めることはできるし、誰もが納得のいく結論を得ることができる。そうか、ならば「最高の食べ物」の評価基準に、食べ物の形に関する数値を選べばよいのだ。これなら、なんでもすぐに反論してくる娘を一瞬のうちに黙らせることも可能である。

円板と円周

僕はおもむろに娘に聞いてみた。

「そういや、一番丸い食べ物って何かなあ?」

娘は即座に「イカリング」と言う。ところが、横に座っていた妻は「メロン」と言う。早速、問題が発生した。「丸い」といっても、円周のことなのか、球面のことなのか、紛らわしい。後者は「3次元空間内の球」の丸さについてだが、前者は「2次元空間内の球」つまり「円周」の丸さについての問題であった。これは、僕の問題設定が悪かった。

「すまん。丸というても、いろいろあるなぁ。そしたら、メロンっぽい丸さはちょっと後回しにして、まずはイカリングっぽい丸さを探してみよ」

娘は矢継ぎ早に例を挙げてくる。「オニオンリング」「せんべい」「お金のチョコレート」などと、ポンポン登場する。妻も「ゴーフル」「お好み焼き」「ガレット」と、速い。

これらの例を見ていると、イカリングは秀逸であった。なぜなら、中がくり抜かれており、まさに円周だけだったからだ。

数学ではよく知られているように、円とは通常、円周のことであり、円板とは違う。円板は英語でディスクだが、円周すなわち円はサークルである。円板と円周のどちらが基本的かというと、円周である。円板とは円周で囲まれる領域のことだから、円周を定義して初めて円板を定義できる。つまり数学では円板より円周がえらい。「丸い」と言うときに僕の想像していたのはサークル、つまり円周だった。その意味では、今まで娘と妻によって挙げられた食べ物のうち、イカリングとオニオンリングのみが対象となろう。そして、このどちらが丸いかというと、おそらくオニオンリングだろう。

もう一つ重要な観点がある。「一番丸い」を「最も円周に近い」と言い換えるならば、円周は、形状が円形であることに加え、厚みがない、つまり線でできていることが重要である。残念ながら、オニオンリングは線ではない。玉ねぎの皮の分の厚みがある。

僕は苦言を呈した。みんなの挙げている食べ物は、円周ではない。

そのとき妻が秀逸なひと言を発した。

「刻みネギ」

そう、レストランでたった今、目の前に到着した「刺身定食セット」に、刻みネギが添えられていたのである。妻の指さしたその先を見ると、美しい円周の食べ物が発見された。これはまさに線でできた円周である。

考えてみれば、大きな食べ物になるほど形状がたわみやすく、完璧な円形を得るのが難しそうである。美しく薄切りされた刻みネギは、半径が5ミリほどであろう、完璧な円周になっているように見えた。

球、果物、重力

娘は不満顔である。それはおそらく、妻に手柄を取られたからというよりは、自分の好物であるイカリングが「負けた」からだろう。「じゃあ球の方はどうよ」と2回戦が始まった。

娘は、レストランのメニューに載っている写真としばらく睨めっこしていたが、球状の食べ物が掲載されていなかったらしく、メニューを放り出した。そして空《くう》を仰ぎながら、矢継ぎ早に繰り出し始めた。「りんご」「みかん」「ポンカン」「キャベツ」「トマト」など。どうだ、と言わんばかりに得意気な顔をしている。

ふむ、メロンの例も含め、どれも果物や野菜だ。これは面白い。どれも植物の実のようなものであり、生命が自然に成長して得られる形が球なのだろう。小さい点からスタートして、順調に膨らんでいくと最後は見事な球形に育つ。それが自然の摂理なのだ。

では、それら野菜や果物の例の中で、最も球に近いものはどれだろう。はたと気づいたのは、それらが全て、ひしゃげていることである。球から少しだけ、ずれている。みかんもポンカンも、若干つぶれている。りんごはへこんでいる。どれも、球からずれているのだ。

理由はすぐに思い当たった。重力である。地球上には重力があるので、落ちないように支えが必要だ。地上にあるものは地面で支えられ、球がひしゃげる。木に生《な》っている果物は、落ちてしまわないように枝にくっついていて、形状が歪《ゆが》んでしまう。

それなら、重力のないところで育った果物なら、完全に球の形になるかもしれない。宇宙で育てられたメロン、とか。けれど、僕はそんなものは見たことがないし、存在したとしても非常に高価で、食べられるものではないだろう。

諦めかけたそのとき、僕は閃《ひらめ》いた。重力をキャンセルする方法は、何も宇宙空間に行くことだけではない。世の中には「浮力」というものがある。プールでプカプカと浮けるのは、浮力が重力をキャンセルしてくれるからである。では、果物を水中に入れればいいだろうか？　残念ながら、果物の表面は硬く可変性がないので、水中に入れたくらいでは形は変形しない。もっと、柔らかいものがいい。浮力を感じて、表面が変形するような食べ物。

しばらく考えている間に、僕の注文した料理が到着した。手打ちざる蕎麦《そば》とカツ丼のセットだ。僕は目を見張った。ざる蕎麦の麺つゆの横にある小さな皿の上には薬味が載っており、そこには刻みネギと、小さなうずらの卵が添えられていたのだ。うずらの卵を麺つゆに落としてみる。それは見事な球形となった。

重力をキャンセルした球形、これこそ最高の食べ物である。そして僕は横にあった刻みネギを麺つゆに入れた。麺つゆの表面に、見事な円周が並んだ。

娘と妻と、麺つゆを覗き込む。そこには、「最高の食べ物」があった。

自宅の食卓にて、そうめん、刻みネギ、うずらの卵。うずらの卵は、形状が見やすいよう、水の入ったビーカーに入れた。右／ビーカーを横から眺めた図。うずらの卵が水に浮かび、球状になっていることがわかる。

世界で最も細い

僕たちは目を見合わせたが、何か物足りない。うずらの卵も刻みネギも、どちらも美しい形状をしているけれども、それだけでは物足りないのだ。これらは単に薬味であって、それだけでおいしくいただけるものではないのだ。

僕は咄嗟《とっさ》に、次の問いを立てた。

「ほな、一番細い食べ物はなんやろか？」

皆はすぐ横に置いてあった、ざる蕎麦を見た。そう、一番細い食べ物が蕎麦なら、これほど完璧な問いはあるまい。完璧な円周と、完璧な球面、そして最も細い食べ物を、一緒に食せるのだから。

しかし世の中、そうはうまくいかない。僕たちのテーブルにはすぐ、娘の大好物であるカルボナーラが到着した。

僕は、何かを言おうとした娘を静止して、カルボナーラを楽しんで食べるように告げ、自分自身は物理実験モードに入った。カルボナーラのパスタ麺と、ざる蕎麦の麺を眺め、比べてみる。どうも、蕎麦の方が細いようだ。蕎麦の麺の断面は四角いが、その一辺はおよそ1ミリから1・2ミリほどに見える。一方パスタ麺は直径1・6ミリだろうから、蕎麦の方が断面積は小さいと考えられる。勝機か？

いや、もし「細さ」を競うのであれば、麺の太さと麺の長さの比を取らなければなるまい。細さという概念は相対的で、比をとってはじめて数となるのだ。蕎麦は長さ八寸と言うからおよそ24センチで、すると縦と横の比はおよそ200となる。素晴らしい細さだ。一方でパスタの長さは、記憶では蕎麦より少しだけ長いだけなので、比を取ると蕎麦が勝るであろう。つまり、パスタより蕎麦は細いのだ。

急に、ざる蕎麦が究極の食べ物に見えてきた。食べる前に惚れ惚れと見とれていたのだが、じっと蕎麦を見ていると、ゲシュタルト崩壊現象のごとく、なぜこんなに細いのか、気になって仕方がない。

蕎麦がなぜ細いかには、科学的な理由があるだろう。細い物体には、数値的な特徴づけができる。それは、体積に比べて表面積が非常に大きいということである。例えば球体では、表面積と、体積（を換算して面積の次元に直したもの）を比較すると、比はおよそ4となるが、一方、蕎麦の場合、比はおよそ20から30となるのだ。

蕎麦は、なぜ体積よりも表面積を重視するのか。それは、蕎麦はそれ自体の味ではなく、蕎麦に絡むつゆの味を重視するからだ。もし蕎麦それ自体で十分楽しめる味がついていれば、体積が満足度に比例するだろう。しかし蕎麦は、それの表面につくつゆが、味の趣向を決めてしまう。表面積が大きいほど、つゆは付着する。そして体積が小さいほど、お腹いっぱいになる前に十分満足のいく回数だけ、蕎麦をすることができる。これが、蕎麦が細い理由である。

このことは、例えば「ポッキー」というお菓子にも共通する。ポッキーの表面にはチョコレートが塗布されている。随分前に新発売された「ポッキー極細」は、ポッキー自体の太さが半分になっていて、チョコレートを十分味わえる商品として人気が高い。

ふむ、細い理由も科学的に解明できた今、あとはざる蕎麦をおいしくいただくのみである。そこに、妻が口を挟んだ。

「そうめんは細いでぇ。特に奈良の三輪《みわ》そうめん、な。究極」

僕は、痛いところを突かれて、気を落とした。目の前の「解」を正当化するためだけに、他の食べ物のことを考慮することを忘れていたのだ。これは科学的精神に反する。あらゆる食べ物の中で最も細いものを探さなくてはならない。

ラーメン、うどん、きしめん、糸こんにゃく、しらたき。さまざまな細い食べ物を思い浮かべてみたが、そうめんに勝るものはないような気がする。

以前に奈良の三輪神社へお参りした際、神社の近くのそうめん屋に入って、非常に細い「にゅうめん」をいただいたことを思い出した。この高級そうめんの太さはなんと0・3ミリで、「神杉《かみすぎ》」と呼ばれていた。恐ろしい細さである。おそらく、世界一だろう。

麺の長さとしては、そうめんは蕎麦より若干短く、長さが20センチほどであるとしても、長さと太さの比は600に達する。これは、蕎麦の比の値の3倍で、そうめんの圧勝である。

最高の食べ物、決定す

人類は、600という比の値に達する特殊形状の食べ物を開発したのだ。これは驚異的である。食の探究が、形状の特異性へと人類を向かわせたのだ。そうめんは、蕎麦やうどんと違って、包丁で切り出されるのではなく、手で引っ張って、細く、細く伸ばされる。

直径が0・3ミリというのは、髪の毛数本分の細さである。材料の伸展性のため、それほど細くできるのだ。その後、乾燥させて素麺（そうめん）が完成する頃には弾性を獲得する。伸展性と弾性は、およそ逆の概念であるから、高度な技術が必要とされることは疑いない。弾性は、食べるときの嚙みごたえにつながっている。素晴らしい技術だ。そんな恐ろしい細さの食べ物を、僕たちは日常的に食べることができる。何と素晴らしいことだろうか。

僕は、一応の結論に達した。最高の食べ物は、うずらの卵と刻みネギを薬味にした、三輪そうめんだ。

残念なことに、僕の目の前にはざる蕎麦とカツ丼しかない。今度、奈良に行ったときには、

用語解説

弾性（大学物理レベルの用語）

乾燥させたそうめんを1本持ち、そっと端に指で力をかけると、そうめんは曲がります。指を離すと、元の形に戻ります。このように、力をかけると形が歪み、元の状態に戻ろうとする力が働くことを、弾性と呼びます。一般に、弾性は弾性率（ヤング率とも呼ばれます）で数値化されます。弾性率が大きいほど、その物体は曲がりにくい物体です。そうめんや、あらゆる乾麺は、乾燥させると弾性率が非常に大きくなります。そして、麺をゆがくと弾性率が小さくなります。このように製造・調理の前後での弾性率の変化が、食べ物の保存や輸送と関係しているのですね。

もう少し知りたい方へ

関連する書籍［一般向け］：『麺の科学』（講談社ブルーバックス）山田昌治 著

必ず最高の食べ物をいただこう。そう心に決めて、僕はざる蕎麦をすすり始めた。

形状に全ては支配される

それにしても、何と「かたち」こそが世界を支配していることよ。最高の食べ物は、と聞かれれば、普通は最もおいしい食べ物のことを想像するかもしれないが、僕が食べ物の形状に思いを馳せてしまうのは、「かたち」こそが非常に多くの現象を司るということを科学で知っているからかもしれない。

そう、おいしさだって、結局はタンパク質のかたちのことなのだ。おいしい、とは、人間の舌が多様な味を感じることである。味を感じるのは、舌にある味蕾《みらい》（味覚を感じる細胞群）の中の味覚受容体が、食べ物の化学物質と結合するからだ。そこでのタンパク質の結合が選択的であるのは、タンパク質がカギとカギ穴のようにその形状で結合対象を選別しているからである。つまり、「味のもと」のかたちこそが、おいしさの起源なのである。

タンパク質はアミノ酸から構成されており、アミノ酸は炭素・酸素・窒素・水素の原子が複雑に結合した分子だ。原子も4種類あれば、非常に複雑な形状を分子鎖《ぶんしさ》として構成できる。もし原子が1種類しかなければ、カギを作るほどの形状の多様性を持たせることはできなかっただろう。
もっとも、最近の科学では、炭素のみでも、シート状に炭素を並べたグラフェンという単元素膜を用いてさまざまな形状、例えばチューブやボールといった形を生成することができる。しかしそれでも、タンパク質の形状の多様性には全く敵わない。
この世を構成する最も小さいモノは素粒子と呼ばれている。素粒子には形がない。点だ。いや、より正確に言えば、それ以上分割する技術を人類が持っていない最小のモノを素粒子と呼んでいるので、その構造を人類は知り得ない。一つだけ知っているのは、素粒子にはスピンと呼ばれる「向き」のような要素があることだ。それ以上の構造を、人類は知らない。

用語解説

クォーク（大学物理レベルの用語）

確認されている17種類の素粒子には、クォークと呼ばれる6種類の素粒子が含まれています。クォークはグルーオンと呼ばれる素粒子を吸収・放出し、それを互いに交換することで非常に強く結合しています。グルーオンの交換により発生する力を「強い力」と呼んでいます。クォークとグルーオンが集まって、陽子や中性子が作られ、陽子と中性子で原子核ができています。ですから、クォークは我々の体や物質を構成する最も重要な素粒子であると言ってよいでしょう。クォークは単体では発見されていません。これは、基礎物理学の最も大きな謎の一つです。

もう少し知りたい方へ

関連する書籍［一般向け］：『クォーク』（講談社ブルーバックス）南部陽一郎 著

ということは、素粒子には大きさがないので、形がない。では、形はどこで生まれるのだろう。

最も小さな素粒子が、点である、とは誰が決めたのだろう。正確に言うと、この問いにはまだ人類は答えられておらず、最も小さな構成物が「ひも」であるとする「超ひも理論」と呼ばれる仮説がある。この仮説が正しければ、かたちを持った「ひも」がこの宇宙の全てを構成していることになる。

実は、点の素粒子から、ひもを作ることができる。2つの素粒子を用意しよう。その素粒子の間に「のり」のような力が働くとすると、素粒子の間に伸びるひもが想像できる。点が2つあれば、その間に線を引くことができる。これは、かたちの起源だ。

実際、クォークと呼ばれる素粒子の間には、ひもで引っ張り合うような力が働いていることが知られている。歴史的には、このことを南部陽一郎らが指摘して、「超ひも理論」の原型が誕生したのだった。

つまり、世の中の「かたち」の基礎は、素粒子にあるのだ。素粒子たちが非常に多く集まって、物質のかたちを作っていく。その根源である素粒子には、かたちはない。

素粒子は今のところ、17種類しか見つかっていない。この17種類で、宇宙のほとんど全ての物の形を構成していくのだ。

小さいところから形が生まれるなら、最も大きいものの形はどうなっているのだろうか。例えば、太陽や地球。これらは、丸い。大きくなればなるほど、それが何からどのように構成されているのかといった小さな差異は無視できるようになり、物質vs.重力、という構図で全てを考えることができるようになる。結果として、全てのモノは、丸くなる。

人間の目に見える最も大きいものは、銀河である。銀河は丸くない。渦巻銀河や楕円銀河など、多様な形状をしている。これは、丸いモノを回転させた結果である。実際、球状星団は宇宙で最も古い星の集まりであると考えられている。宇宙で最も大きいものも、元はというと、

用語解説

超ひも理論（大学物理レベルの用語）

素粒子が実は小さな「ひも」でできているかもしれない、という理論上の仮説が「超ひも理論」です。超ひも理論仮説は、重力をも素粒子の交換によって発生する力であると考え、ミクロの素粒子で重力を取り扱う際に矛盾ない理論を与える、重要な仮説です。宇宙と素粒子という、最も大きなものと最も小さなモノをつなげる物理学理論が、超ひも理論なのです。超ひも理論は、宇宙の始まりや、そもそもこの「空間」がどうやってできているのか、といった科学の根本的な課題に光を当てる理論として、活発に研究されています。

もう少し知りたい方へ

関連する書籍［一般向け］：『超ひも理論をパパに習ってみた』（講談社サイエンティフィク）橋本幸士 著

丸いのだ。丸は、最もシンプルな形であり、特徴がない。

星という最も大きいもの、そして素粒子という最も小さいモノ、これらは、かたちの特徴がない。しかし、それらの大きさの間にある、僕たちの周りのさまざまなものには、多様なかたちがある。人間にとって、かたちは機能だ。周りの世界を識別できる、カギだ。これが多様であるからこそ、人類は進化できたのだ。もしこの宇宙に素粒子が1種類しかなかったら、人類のような知的生命体は望めなかったろう。かたちが生まれないのだから。

そう思うと、僕は目の前のざる蕎麦とカツ丼が、急に愛おしく思えてきた。これらも、この宇宙の傑作である、と。

（2023年6月）

貧乏ゆすりの物理学

座っている椅子が揺れ始めた。地震か？

椅子の振動は小刻みで、まるで地震の初期微動のようだ。初期微動はP波と呼ばれる波で引き起こされており、大きな揺れのS波より早く到達する。P波の振動の速さはどのくらいだろう。僕は咄嗟に、以前経験した地震を思い出した。あのとき、初期微動で目の前の机のコップがカタカタ音をたて始めたのだった。あのカタカタは、かなり速かったなぁ。1秒間に10回は振動していただろう。これは科学用語では、「振動数が10ヘルツである」と記述される。振動数とは、1秒間に揺れる回数のことである。

僕の椅子の振動は、かなり美しい周期を持っているように感じたので、僕はその振動数をざっくり測定してみた。1秒間に5回、つまり振動数はおよそ5ヘルツだった。ふむ、10ヘルツではない、つまり、これは地震ではないのか？

周りの人を見ても、特に動揺している様子はない。どうも、揺れを感じているのは僕だけのようだ。しかも、目の前の机は揺れていない。自分の椅子だけが揺れているようなのだ。再び周りをよく見渡したそのとき、僕は振動の原因を発見した。

貧乏ゆすりだ。

貧乏ゆすりの即時迎撃態勢

この事件が起こった環境は、のちの物理学的考察で重要になるので、ここに詳しく述べよう。そう、事件は物理学会の年次大会の会場で発生した。

日本物理学会は全国に1万6000人ほどの会員を持つ、物理学者の集合体である。一年に一度、年次大会が開催され、数千人の物理学者が一堂に会する。年次大会は大規模な大学の校舎を借りて開催される。大学の講義室が会場となり、数十の講義室のそれぞれで、研究発表が行われ、参加者はそれぞれ自分が興味をひかれた発表を聴くのだ。

要点をまとめると、この「振動事件」は、ある大学の講義室で起こった。講演発表の間、僕は聴衆の一人として講義室の椅子に座っていた。自分が座っているその椅子が突然、振動し始めた、というわけだ。

大学の講義室を想像してほしい。100名は入ろうかという広い部屋で、横に長い机が何十も並んでいる。机は5人がけで、前方の黒板を向いている。5つの椅子は、一つ後ろの机に背もたれがくっついており、折りたたまれている。座るときには座面をバタンと倒して座るのだ。つまり、5つの椅子がすべて、一つ後ろの机と連結され繋がっている。

講義室でよくある風景を紹介しよう。5つ連続している座席の真ん中までいくのは面倒なので、どうしても端っこの座席に着席しがちなのである。混んでいる講義室に到着した新参者は、仕方なく「すみませ～ん」と言って、端の座席の人に立ち上がってもらい、長机の内側の座席にカニ歩きで入っていくのだ。

事件のとき、僕は5つの椅子の一番左端に座っていた。そして、同じ並びの一番右端に座っている、見知らぬ物理学者。彼の足が上下に小刻みに動いているのを、僕は発見したのである。

そうか、貧乏ゆすりか。

地震ではないとわかり、ホッとした僕は、再び講演に集中しようとした。しかし、どうしても振動が気になってしまい、講演者の話がまったく頭に入ってこない。

席を替わろうかとも思った。しかし、比較的混んでいる会場だったので、席を替わるには「すいませ～ん」で始まる一連の行動が必要になってしまう。講演中に席を替わるのも講演者に失礼だし、席を替わるときに立ち上がっていただく他の聴講者にも申し訳ない。

うーむ、これ、詰んだか？

そのうち、この状況はある種の「物理チャレンジ」ではないかと思うようになった。貧乏ゆすりは振動現象であり、振動というのは世の中の物理現象の最も基本的なものである。

高校の物理の教科書でも、初めの方で紹介されるほど、基本的な現象なのだ。だから僕は、一人の物理学者として、この問題を解決することができるはずだ。いや、できないと物理学者の名が廃《すた》る。ひょっとして、右端の物理学者は、知らぬ間に周りの物理学者に問題を出しているのではないか？

僕は彼のチャレンジを受けることにした。もちろん、それ以外のチョイスは、ない。

典型的な、大学の講義室の様子。5つの椅子が、一つ後ろの長机に連結されている。

貧乏ゆすりの測定

物理学とは、世の中の多様な現象を法則と数式、実験で解明する学問である。例えば、実験や観測により、新規な現象が見つかったとしよう。その現象を詳しく観察することで、現象がどのような法則に支配されているかを解明できる。一旦解明されれば、その法則を利用することによって、現象をコントロールしたり、利用したりすることができる。発電やパソコンなど日常生活のあらゆるものが、物理学による法則の発見とその利用で発明され、人類の日常を変革してきたのだ。

物理学を長い年月をかけてマスターしてきた僕は、新規な現象に遭遇すると、それに対応できるか、いつもワクワクするのである。今回の「新規な現象」とは、そう、貧乏ゆすりのことだ。

僕は現象を観察することにした。一般にあらゆる振動は、「振動数（周波数）」と「振幅」で特徴づけられることが知られている。振動数は、振動の周期、すなわち一回振動するのに何秒かかるかに関係している。一方、振幅は振れ幅のことだ。これらの測定から、すべては始まる。

振動の周期は先ほど、地震との比較のアイデアから測定をしてみたが、より正確な周期を知るため、何度か測定を行った。手元の腕時計で20秒を測りながら、その間に椅子が何回振動するかを測定する。

貧乏ゆすり測定のコツをメモしておこう。振動数の計測は、椅子の座面に手を当てて回数を数える形式で行う。目を閉じると肌の感覚に集中しやすいので振動の回数を数えやすいが、そうすると時計が見られなくなるので、まずい。そこで、目は閉じずに時計の文字盤に神経を集中する。こういうとき、スマートウォッチは役立たずである。時間を測っているのに、文字盤表示が省エネのために5秒で消えてしまう。そこで、5秒ごとに手首を少し動かして文字盤を再表示させる羽目になる。結局、数回の測定のそれぞれで、およそ100回の振動、という測定結果を得た。20秒で割れば、振動数が計算される。1秒間におよそ5回の振動、すなわち、この貧乏ゆすりは、およそ5ヘルツである。

もちろん、振動数の測定には、振動現象の目測が最も正確であろう。僕が実施した、椅子の微小な振動を手のひらで感じる測定方法は、誤差が大きそうだからだ。しかし、隣の震源の物理学者の足の動きをじっと見つめるのも、側《はた》から見るとおかしいだろう。僕は目測を諦めた。隣をちらりと

用語解説

振動数（高校物理レベルの用語）

振動現象とは、ある一定の時間間隔で繰り返される動きの現象です。お風呂の湯の表面に立つ波も、耳で聞こえる音も、そして地震も振動現象です。振動現象は、周期で特徴づけられます。周期とは、振動が何秒で1回なのかを表す量です。周期の逆数が振動数です。振動数は、1秒間に何回振動するかを表す数です。振動数の単位はヘルツです。例えば耳で聞こえる音は、数十ヘルツから数万ヘルツ、とされています。実は、物質もすべてミクロに見ると波であることが知られています。世の中は波からできているのですね。

もう少し知りたい方へ

関連する書籍[一般向け]：『波のしくみ』（講談社ブルーバックス）佐藤文隆・松下泰雄 著

盗み見て、実際の震源がその物理学者であることを何度か確認しただけだ。まあ元々、おかしい振る舞いをしている物理学者は非常に多いので、そんなに気にしなくてもよかったのかもしれないが。

次に、振幅の測定である。振動している自分の椅子をじっと見ても、振動しているようには見えない。それほど振幅が小さいのだろう。目測で振動が見えないとすると、振幅は1ミリメートルか、それより小さいかもしれない。人間は、非常に微小な振動も肌で感じ取ることができるのだ。

測定結果をまとめておこう。貧乏ゆすりによって引き起こされていると見られる振動は、振動数が5ヘルツ、振幅は1ミリメートル以下である。この測定結果の有効数字は1桁である。ちなみに、あらゆる測定結果には、誤差の表示、すなわち有効数字の桁数を記載せねばならない。さもなくば、それは物理学者による記述ではない。

貧乏ゆすりの重ね合わせの原理

さて、物理学によると、観測点において振動現象が観測されるためには、振動源と、波を伝える媒質が必要だ。今の場合、振動源は明らかに、右端の座席に座っている物理学者の足である。そして、波を伝える媒質は、５つ繋がっている椅子だ。椅子は後ろの机と一体化しているので、媒質はむしろ後ろの長机であると考える方が適切かもしれない。

長机の横の長さ、つまり振動源（右端の物理学者）と観測地（僕）の距離はおよそ４メートルと目測された。材質は木材のように見えるが、長机の脚は金属であるため、木材の中に金属が入って補強されている可能性が高い。

物理学において、振動に関する法則で最も基本的なものに、「重ね合わせの原理」と呼ばれるものがある。専門用語では、「波動方程式の線形性」と呼ばれるものだ。これは、簡単に言うと、二つの波はお互いをすり抜ける、という性質のことである。

池にポチャンと石を落としたとして、それが作る波を想像してみよう。小さいさざなみは、丸く広がっていく。石をいくつか落とせば、その周りに広がっていく。さざなみはお互いをすり抜ける。これが、重ね合わせの原理だ。

一つの波の山の部分と、もう一つの波の山の部分が重なると、より大きな山になる。高さ、つまり振幅が足し合わされる。また、山と谷が重なると、山が消え失せたようになる。このように振幅が足し算引き算になることを、「線形性」と呼んでいる。

この重ね合わせの原理を、貧乏ゆすり振動の撃退に利用できるのではないか？

物理学では、法則を適用するためにはその条件が満たされていることを確認する必要がある。重ね合わせの原理は、波の振幅が小さいときに有効である。今測定されている振幅は1ミリメートル以下なので、小さいと言えるだろう。従って、重ね合わせの原理を適用できる。

ここで、より物理学を知りたい方向けに、注釈を述べておこう。物理学では「小さい」と言うときには「何に比べて小さいか」をきちんと述べなければならない。例えば「象は小さい」という主張も、「地球の大きさに比べて」と但し書きをつければ、間違っていない。物理学における波の場合は、より具体的には、波の「波長」よりも振幅が小さいときに、重ね合わせの原理が成立すると考えるのが自然である。波長とは、波の山と山の間の距離のことだ。長机を伝わる波は、長机がたわんで伝わるため、その波長は机の長さ程度だろうから、今の現象の場合、振幅が小さい、というのは、振幅が長机の長さよりも小さい、という意味である。この条件は満たされている。従って、重ね合わせの原理を適用できることが確認できた。

僕は閃いた。そうだ、重ね合わせの原理により、山と谷を合わせれば、振動を消すことができる！　これは、いわゆるノイズキャンセリングだ。

イヤホンに使われているノイズキャンセリング機能は、音が波であり、重ね合わせの原理が使えることを利用している。外部からやってくる音の波に対して、その山が来るときには谷を、谷が来るときには山を発生させる。すると、波が重ね合わされてキャンセルされ、振幅が小さくなって、外部からの音が聞こえなくなるのである。

僕は史上初の「貧乏ゆすりキャンセリング機構」を発明した、と直感した。貧乏ゆすりによる振動をキャンセルするには、それと同じ振動数、同じ振幅の波を用意し、山と谷、谷と山が合うようにすればよい。どのように、同じ振動数と同じ振幅を用意するのか？

もちろん、僕自身が新たな振動源となる、つまり、僕も貧乏ゆすりをすればよいのだ！

人間の体格は、物理学的には、誤差の範囲で全員同じだ。足の膝下の長さは皆おおよそ0・5メートル程度だろう。その微小振動が繰り出す振動は、振幅や振動数がほぼ同じであるに違いない。キャンセリングのためには理想的な振動源だ。

満を持して、僕は右足で貧乏ゆすりを開始した。山と谷が合うタイミングを探すために、もう片方の左足の太ももで振動を感じつつ、その振動が消え失せる感覚を探求した。

ところが、残念ながら、何度やってもうまくいかない。綺麗に消えないのだ。

ふむ。人間なんて体格がほとんど同じだ、と言っても、実は少し違うのだ。つまり、僕が発生させている波の振動数が、やってくる波の振動数と、ほんの少し違うのだろう。

僕は高校の物理の教科書の記述を思い出した。振動数のわずかに異なる2つの波が重ね合わさったときに発生する現象、「うなり」だ。僕が左足の太ももで感じているのは、うなりなのかもしれない。うなりの振動数は、元の波の振動数よりも小さくなるので、より振動を感じやすくなってしまっているのかもしれない。

そんなことよりも、僕は体感として、自分が貧乏ゆすりをすれば、人の貧乏ゆすりがあまり気にならなくなる、ということに気がついた。自分自身が揺れているので、小さな椅子の振動が気にならなくなるのだ。

しかし、これは解決ではない。自慢の物理学はどこに行ったのだ？

貧乏ゆすりで爆発を起こす

ノイズキャンセリングを諦めた僕は、こんな安直な方法ではなく、もっときちんと物理学の知識を使って、理論的考察のもとに解決する方法がないか、と考え始めた。

高校の物理の教科書に書かれている波の現象の一つに「共振」がある。共振とは、物体に固有な振動数で振動する現象のことである。この振動数のことを、「固有振動数」と呼ぶ。

例えば、たて笛（リコーダー）の音を考えてみよう。笛に少し息を吹き込むと、決まった音がする。この音色は、空気の振動数で決まっている。笛の長さに応じて決まる固有振動数があり、その音色が出るのだ。笛の両端を波が一往復するときに、元々の波と強め合う振動数だけが生き残る。先ほど説明した、波の山と山が重なって強め合う現象だ。

これがどんどん重なると、初めはほんの小さな振幅でも、重なり合って大きな振幅となる。これを、「共振」と呼んでいる。「共鳴」という言葉の方が、聞き覚えのある方もいるだろう。

笛の例からわかる通り、その物体の大きさで、固有振動数は異なる。笛の穴のどれかを指でふさぐと、空気の出入り口が変わるので、空気にとっての笛の長さが変わり、固有振動数が変わるので、音色が変わるのだ。

僕はまた閃いた。自分の座っている椅子の固有振動数で自分が貧乏ゆすりをすれば、それがどんどん増幅して、右端に座っている物理学者が気づくほどに大きくなり、彼は貧乏ゆすりが傍《はた》迷惑であることに気づくのではないか？　その果てには、共振の効果がものすごく大きくなり、椅子が爆発するほどに揺れて、右端の物理学者がロケットのように飛び上がるのではないか?

これは極端な話ではない。実際、共振のために大きな事故が起こった例があるのだ。有名な例は、アメリカのタコマナローズ橋の崩落事故である。1940年、この吊り橋は完成からまもなく、風の影響で崩落した。崩落の様子を捉えた動画が残っている。どんどん橋の揺れが大きくなり、最後に橋が落ちてしまうのだ。

また、1850年、フランスのバス・シェーヌ吊り橋では、数百人の兵隊が橋の上を行進していたところ、橋が崩落して200名以上が亡くなったとの記録がある。この崩落は、兵隊の歩調がちょうど橋の共振の振動数に一致していたため、と考えられている。

このように、どのような物体にも固有振動数が存在しており、固有振動数に合わせた振動をかけ続けると、たとえ小さな振幅の振動であったとしても、共振して大きな振幅に発展するのである。さあ、果たして、右端の物理学者を飛び上がらせるほどの共振を起こすことができるか?

このアイデアを試すには、自分が座っている椅子の固有振動数を求める必要がある。振動数の逆数である周期は物体の大きさに比例するので、よく知る物体から類推して計算しよう。僕が知っている大きな物体で音を出すものは、お寺の鐘楼の鐘、梵鐘《ぼんしょう》である。梵鐘

1940年、米ワシントン州のタコマナローズ橋は、横風の影響で崩落した。
Science Photo Library / amanaimages

は金属でできているから、長机と同じような物質であると考えてよかろう。高さ2メートルほどの梵鐘は、とても低い音を出す。梵鐘が撞《つ》かれて固有振動を起こす際に、周りの空気を振動させ、音を出しているのだ。梵鐘は、1オクターブ低い「ド」の音くらいだから、およそ100ヘルツと考えられる。つまり、4メートルの長机なら、50ヘルツが共振の振動数である、ということになる。

僕はがっかりした。自分の貧乏ゆすりで50ヘルツ、つまり1秒間に50回の振動を引き起こすことはできない。どんなに速い貧乏ゆすりだ！

梵鐘の大きさを、高さの2メートルで

はなく、幅の1メートルだとして計算し直すと、4メートルの長机なら固有振動数は25ヘルツと計算される。しかしこれでも、速すぎて無理である。

諦めの悪い僕は、貧乏ゆすりを自身の最高振動数でやってみた。足が疲れただけであった。

突如、振動が消える

たて笛の件で思い出したのだが、固有振動の揺れ方にはパターンがあるのだ。ギターでも「倍音」という現象がある。振動数が倍の値の音色が混ざる現象である。これは、ギターの弦の長さで決まる固有振動数以外に、その半分の長さの弦の固有振動も存在するからだ。弦のちょうど真ん中が、波の「節《ふし》」となって、動いていない状態なのだ。

今座っている椅子の場合、5つ並んでいるわけだから、ひょっとしてちょうど真ん中の椅子が、振動の節に相当していれば、そこだけ振動しないはずである。

僕は決心した。彼に近づいてみよう。一つずつ、僕は横に席を移り始めた。

席を横にずれるのは、物理学会の講演ではよくある現象である。前に座っている人の頭で、前方の発表スライドが見えないことがあるのだ。そんなフリをしながら、僕は二つ、右に席を移動した。

すると、どうだろう。なんと、振動が消えたのである！

僕は勝利の雄叫びをあげそうになった。いや、ちょっと待て。ひょっとしたら、震源の物理学者が、たまたま、貧乏ゆすりをやめただけかもしれない。僕はそっとその物理学者の足元を見た。

彼はまだ貧乏ゆすりをしていた。しかし、驚いたことに、その貧乏ゆすりの形態が変わっていたことを僕は観測した。確かに先ほどまでは、左足を上下に振動させる「標準」貧乏ゆすりをしていた。しかし今度は、両足を左右に開いたり閉じたりする貧乏ゆすりに変わっていたのだ！

長く細い物体が伸びている向きに対して、直交する向きに振動する波を、「横波」と呼ぶ。一方、伸びている向きに沿って振動する波は、「縦波」と呼ぶ。横波から縦波に、彼の貧乏ゆすりは変わっていたのだ。横波と縦波は、伝わる速さが違う。地震の初期微動は縦波であり、速い。一方、怖いのは横波で、後からやってくる。貧乏ゆすりではどうだろうか。計算し直さねば。

しかも、両足が左右に開いたり閉じたりすると、右足から発生した縦波が左足から発生した縦波でキャンセルされるので、これは、自分で自動ノイズキャンセリングをしているようなものである。環境にやさしい貧乏ゆすり、としか言いようがない。

僕は、貧乏ゆすりの物理学の世界がとても深く豊かであることに感動した。

世の中、すべて波だらけ

それにしても、なぜ人間は貧乏ゆすりをするのだろう。人の話に集中するために、無意識のうちに少し運動するという、人類の進化形なのか。いや、そのせいでこちらは集中力を削《そ》がれているんだが。

身体パフォーマーの前田英一さん曰く、貧乏ゆすりは無意識に最も近い運動である。もちろん、人間が無意識に行っている運動は他にもある。例えば、呼吸や心臓の拍動である。しかしこれらは外部にはあまり見えない。一方、貧乏ゆすりは、外部に見えるものである。

無意識であるため、振動数がほぼ一定である長時間運動を引き起こす。おそらく、講義室に座っている数十名の物理学者が皆同じ振動数で貧乏ゆすりをすれば、固有振動数に合わせた場合、床が揺れるほどの振動になるだろう。

貧乏ゆすりをしている足の踵《かかと》にモーターを1個取り付けて発電したとする。およそ10キログラムの片足を1センチメートル上げると1ジュールの仕事になる。5ヘルツで実行すれば5ワットの発電だ。発電効率は多くて20パーセントと見積もると、1ワットの発電ができる。世界の全人口の1パーセントが現在貧乏ゆすりをしていると仮定すると、発電量は10万キロワットとなり、これは大変大きな電力だ。無意識のうちに、人類はそれほどのエネルギーを貧乏ゆすりに費やしている。

貧乏ゆすり、という言葉もよくできている。英語では単に「足ゆすり」などと言われるが、それが「貧乏」に繋がっていると考える日本の文化が微笑ましい。人体のエネルギーを最も有効利用して長時間運動することが貧乏ゆすり、とも言えるので、省エネ、すなわちケチ、貧乏、

用語解説

量子力学（大学物理レベルの用語）

量子力学とは、原子より小さい世界を記述する物理学です。この世界では、物質はすべて波となります。波は振動数と振幅で記述されます。物質の波は、お互いに干渉したり、壁の後ろまで回り込んだり、壁をすり抜けたりします。このような現象は、日常生活のスケールから見ると大変不思議な現象ですが、実際に実験観測で確認されているのです。量子力学が誕生しておよそ1世紀になり、いよいよ、量子コンピュータの誕生が世間を騒がせています。波でも粒子でもある「量子」。それが身近に感じられる日も、近いのかもしれません。

もう少し知りたい方へ

関連する書籍[一般向け]：『量子テレポーテーションのゆくえ』(早川書房）アントン・ツァイリンガー 著、大栗博司 監修、田沢恭子 訳

という解釈もできよう。

物理学の量子力学によると、我々の世界を形作っている物質はすべて、ミクロには波でできている。その波のおかげで、僕らは生活しているのだ。ミクロの波は、とても効率的に作用しあい、この宇宙を形作っている。無意識の振動が宇宙を構成している、そして、その物理学を発見した人類が、貧乏ゆすりという無意識の振動を行っている。これらはひょっとして、深く関係しているのではないか。そう考えると、貧乏ゆすりが愛おしくも思えてくるのである。

（2023年9月）

阿房数式

阿房《あほう》というのは、人の思惑に調子を合わせてそういうだけの話で、自分でもちろん阿房だなどとは考えていない。目的がなければ物理学をやってはいけないというわけはない。なんにも目的はないけれど、数式を書いて黒板を埋め尽くしてみようと思う。

目的がないのに数式を書くのだから、チョークは最高級のものがいい。太くて滑らないチョークや、いわんやホワイトボードマーカーは問題外である。チョークの種類の中では、ハゴロモのチョークが一番いい。僕は五十になったのだから、これからはハゴロモでないと数式を書かないときめた。そうきめても、ハゴロモのチョークがない講義室も存在するから、ホワイトボードマーカーを使うかもしれない。しかしどっちつかずの曖昧な、太く滑らないチョークは使いたくない。そんなチョークを使うなら、書かない方がマシである。

それに、目的がないのに数式を書くのだから、黒板はできるだけ大きい方がいい。普通の高さの黒板は、好きな数式をイコールで変形しても、せいぜい十回ほどしか変形ができない。長い数式を書けば書くほど、数式の変形ができなくなる。数式の長さの見込みがあれば別であるが、目的がないのだから、見込みがあるはずがない。幸い、僕の部屋には自分が手を伸ばしても足元から手の指先まですっぽり入る黒板がある。これを使おう、ときめた。

数式を書いていると、心細くなることがある。計算を間違っているかもしれない、という不安もそうだが、それ以上に、いまやっている計算はいま楽しいだけであって、計算が終わった後には、実は無意味な計算であったことが判明するのではないか、という心の奥底の懸念である。長い長い計算をやった後に、答えがゼロになって、見直してみると、ゼロになるのは当然の理由があった、なんてことは、いつものことである。もちろんそれはそれで良いのだが、一人だと寂しいものがある。そこで、目的もなく数式を書く旅には、誰かを連れて行こうと初めから考えていた。

研究室には山系君とヒマラヤ君という研究者がいて、彼らは数式には若い頃から鍛え上げられている。特に山系君は数学者で機械学習の研究者、

用語解説

阿房（幼稚園レベルの用語）

あほ、とは関西では愛着を持って用いられる用語です。阿呆とも書きます。

読者の皆さんはお気づきの通り、本エッセイは内田百閒（ひゃっけん）先生の名作『第一阿房列車』のパスティシュとして書かれています。私は内田百閒先生のファンで、学生の頃から愛読しておりました。最近、なぜ物理学者の自分が内田百閒先生の文章を愛読するのかを客観的に眺めましたところ、書かれたのが、今回皆さんにお届けするエッセイとなります。用語解説の部分に読者へのメッセージを書いて、すみません。

もう少し知りたい方へ

関連する書籍［一般向け］：『第一阿房列車』（新潮文庫）内田百閒 著

そしてヒマラヤ君は化学反応論と原子核物理学の研究者であるから、今回の旅にはもってこいである。僕の専門とする素粒子論は、宇宙がどうやってできているかを解明することを目的とする物理学であるが、今回はそれを目的とせずに数式を書くわけだから、そもそも研究の目的が違う研究者と一緒に数式を書くのが良いはずである。

山系君もヒマラヤ君も、僕の研究室には三カ月前にやってきたばかりの准教授である。どちらも、その繰り出す数式を僕はよく知らない。多分、知らない数式もたくさん書いてしまうだろう。でも、数式を書いて黒板を埋め尽くすだけなのだから、なんの問題もない。

山系君は、体が大きくて、言葉少なめの数学者だ。研究室には、いるのかいないのかわからない。ただ、コーヒーにものすごく凝っていることだけを知っている。コーヒー豆の講釈をひと通り聞いた後で、自分で焙煎《ばいせん》した豆でコーヒーを淹《い》れてくれた。ひと口啜《すす》っただけで、コーヒーの世界の次元が一次元増えた気がした。山系君の数式の世界の広さは、そのコーヒー事件で、僕が想像するところとなった。黒板の広さは限られているけれども、山系君と一緒なら、黒板が埋まる頃にはどんな数式になっているか、想像するだけでも口角に笑みが滲む。

ヒマラヤ君は背の高い瘦せ型で、いつも研究室にいる。この三カ月で日常のことから研究のことまで毎日随分と話している。だから、気心が知れている。「それは面白いですね」「それはちょっと違うんじゃないですか」とはっきり言うところが僕と似ていて、共鳴作用がある。ヒマラヤ君は化学反応論に執心していて、そのトポロジカルな振る舞いを取り出すのに毎日数式と格闘しているらしい。しかし僕は特に化学反応論には興味がないので、どんなふうに格闘しているかは知らない。ただ、ヒマラヤ君は、僕の隣の部屋で、大文字山が見える広い窓の方に向けた椅子に、毎日朝から晩まで座って、何かやっている。

この山系君とヒマラヤ君が僕のそばにいるというのは、幸運である。僕はわかっている、目的もなく数式で黒板を埋めて議論する旅に、彼らが同行してくれるということを。

取り繕う学会講演

こんな数式の旅に出ようと決意したとき、僕は日本物理学会の年次大会で講演をするために、仙台に来ていた。去年から一年間もやってきた研究が二カ月前にようやく論文としてまとまり、それを、共著者四人の代表として、物理学会で自主申込講演をするためである。仙台のホテルを期日ぎりぎりまで予約していなかったがために、ホテルは値段が高く、そして部屋が非常に狭い。箱に入って寝る、そして起きる、金を払う、という目的に特化した時間である。その目的以外は許されない雰囲気がする。

このホテルには、見たところ一つのフロアに三十室程度、そして十七階まであるのだから、およそ五百人が箱に入っていることになる。そのすべての箱の人が、チェックインの機械を通り、お金を払って、箱に入り、テレビを見て、ネットを見て、風呂に入って、寝て、起きて、一階のコンビニで買ったパンとコーヒーを食べて、チェックアウトして、箱から出ていくのである。全員が毎日、これをやっている。それ以外に何かを許す気配はなさそうである。だから、この箱は人生を食い潰すためだけに存在しているとも言える。もちろん僕も食い潰されている。

狭い部屋なので、備え付けの机は奥行きが非常に浅い。机に向かおうと椅子を引いたところ、すぐ後ろのベッドに椅子が当たってしまい、ゆったりと座ることができない。仕方なく、椅子を横にずらして、ベッドに座って、机の上でパソコンを開いた。明日の学会講演のパワーポイント資料を準備するのだ。

学会講演は十分間である。幸い、先月の国際会議で二十分講演をしていたから、そのときのパワポ資料を十分版に圧縮する。僕はパワポの資料一枚当たり二分から三分で話すので、十分講演だと、表紙を含めず最大五ページである。目次に一ページ割くので、次に動機、背景、計算、予言、それぞれ一ページずつで、終了である。先月の講演では、計算のところを詳しく話したのだが、そこを削除することで、学会講演用の資料が瞬く間に完成した。

ベッドに座りながらパソコンをいじっていると、憂鬱な気分になる。おそらく、背筋が伸びず、思ったように仕事が進まないからだろう。講演資料をパソコンに保存して安心した僕は、いまこの仙台の地で、同じ作業をしている物理学者が何百人もいるであろうことを想像して、より憂鬱になった。みな、小さい箱に入り、次の日の自分の講演に向けて、練習をしたりしているのだ。

多分、気分がすぐれないのは、今回の学会発表の内容構成が、成功したことではなく失敗したことを話すから、という理由もあるだろう。通例、あらゆる講演では、成功談のみが話される。僕はそれに反抗しようと試みているのだ。科学なんて、本当は科学者のほぼ全員が失敗しているはずなのに、成功したことしか科学論文として出版できない。しかし僕たちの今回の研究は、およそ一年前に、ある疑問からスタートして、それを突き詰めていった結果、失敗した話である。

一年かけて失敗したら、あらゆる意味でダメージが大きい。もしお蔵入りしたら、共著者である学生の業績にならないから、学生の人生に関わってくる。人に知ってもらえなければ、そこから新たな芽も出てこない。お蔵入りだけは避けねばならない。そういう目的が、必ず研究にはつきまとう。

論文は、当初の目的を大きく変更修正する形で書き上げた。もちろん、成功論文として書いたのである。作り上げた目的が、あたかも初めからそうであったかのように書く。そして、プレプリント（査読前の論文）として世に出す。

ホテルの部屋で、パソコンでメールを開いてみると、その論文の査読結果が送られてきていた。科学論文は通例、匿名の査読者によって内容を精査され、合格した論文だけが出版される。出版されることが、著者の目的である。

査読結果を見るときは、緊張する。今後、査読者と議論を戦わせないといけないのか、それとも査読者は我々著者の言い分をよく理解してくれて、すぐに出版に漕ぎ着けられるのか。ひどい場合だと、数カ月も査読者と論争した挙句、出版されないこともある。消耗戦である。

明日講演するこの論文の査読結果は、些細な語句の修正だけで出版を認めてよい、というものだった。あっけにとられる。そして、僕もスレてきたな、と再び憂鬱になる。論文出版のために目的を変更修正した論文が、査読を通ってしまったということは、目的変更の技術に僕が熟達してしまったということを意味する気がする。五十になった僕は、自分の研究の目的までをも変更して、科学界に成果を発表できる体に成り下がっていた。

もちろん、査読者は、僕らがこっそり修正した目的と、それに対する僕らの計算を、純粋に高く評価してくれただけかもしれない。論文査読システムには、いい査読者に当たるかそうでないか、で結果が大きく変わってしまうという悪い面がある。そのランダムさに一喜一憂しても仕方ない、という心得ができるほど、僕は歳をとっている。

自分の学会発表では、当初の目的を動機としてきちんと話し、そしてその失敗を話そう。それが、自分の裁量内でできる、唯一の正直さというものである。僕は自分が、物理学者として生き残るという目的に特化した能力を持ってしまったことに、なんとか抗《あらが》おうとしている。

翌朝の学会会場で、僕は誠実に失敗談を講演した。すると、講演の後に質問をする人がいる。「結局、当初の目的は失敗したんですね?」

僕は、そうです、ただその過程で出てきた、ホログラフィー原理の新しい予言もあります、と答えて、予言の説明を改めて行った。講演後には、心の中に虚しさが垂れ込めていた。後で「講演面白かったです」と言ってくれる人もいたが、それはお付き合いの言葉であるとしか受け止められなかった。

物理学会の講演を聞くと、成功談であふれている。あらゆる講演が、目的の説明から始まる。そして、ある程度その目的が達せられたという証拠が長々と続き、講演が終わる。

僕は講演を聴くとき、その講演の真の目的を探ってみる。目的が取り繕われたことが明らかな場合がある。目的のレベルが非常に下げられる場合もある。結局、科学の成果発表は、取り繕われている。特定の目的が先にあるとみせかけ、それを達成した形に、後で取り繕われる。そんな場合があることを、科学者はみんな、知っているはずである。

用語解説

ホログラフィー原理（大学院レベルの用語）

ホログラフィー原理とは、重力が支配する空間そのものが創発している、とする考え方のことです。物理学ではふつう、物質を入れる「箱」として空間を用意しますが、その空間は、何からできているのでしょうか？　近年の超ひも理論やブラックホールの研究から、実は空間そのものが何か他のものからホログラムのようにできあがる、というアイデアが盛んに検証されています。ホログラフィー原理で、宇宙の始まりが理論的に解き明かされる日が来るかもしれません。

もう少し知りたい方へ

関連する書籍［一般向け］：『超ひも理論をパパに習ってみた』（講談社サイエンティフィク）橋本幸士 著

研究者は成果がないと生きていけない。成果とは論文のことである。論文には成功したことしか書けない。そして、論文に書かれる目的は、他の科学者も同意するほどの「大事な」目的でないといけない。本当は目的が取り繕われる場合があるのに、それを隠した形で論文が書かれている。みんな、生きるためかもしれない。

学会は、うその目的だらけだと感じた。

自分の学会講演が終わった後にメールを見ると、山系君から連絡が来ていた。

「橋本さんの一般座標対称性の話を聞きたいなと思うのですが、火曜日のどこかしらで空いている時間はあるでしょうか？」

山系君とヒマラヤ君と三人で、先週と先々週あたりにコーヒーを飲みながら、目的もなく雑談していた話題が、山系君の言う「一般座標対称性の話」である。山系君は、僕の学会講演の後の気持ちなんか想像もしていないに違いない。それが良い。

僕は返事をした。

「やりましょう、ヒマラヤ君も一緒に」

瞑想の時間

通例、数式を黒板に書くにあたって、相当の準備が必要である。目的があるなら、その目的に沿った数式を書くための下調べが必要になる。目的を達成するロードマップを考えてみなければなるまい。しかし、今回は特に目的がないのだ。ロードマップなどは必要がない。どこかに行かねばならない、というゴールがないのだから、そこに至る道筋がどうであっても、問題がない。ただ、黒板が数式で埋まればよい。

しかし、数式で黒板を埋めるといっても、その数式を紡ぎ出すのに何時間もかかってしまうようでは、山系君とヒマラヤ君に申し訳が立たない。じっと、何も書かれていない黒板を前にコーヒーを啜るにも、せいぜい一時間が限界だろう。冷める前にコーヒーを飲もうとすると、一時間経てば五杯は飲んでいるかもしれない。そうすると腹を壊す。一時間を超えると、数式のない黒板を前に座っているだけであり、苦痛になるに違いない。それは、本意ではない。

この広い黒板を数式で埋めるには、速く書いても二時間はかかるだろう。何を書くかも決まっていないなら、埋まるまで何日もかかりかねない。これも、苦痛である。埋めることだけが絶対的な目的となってしまえば、楽しめなくなってしまう。いかに寛容なヒマラヤ君といえども、「それは面白くないですね」の言葉が口から繰り出されるだろう。

だから僕は、黒板に書く数式の内容をあらかじめ考え始めた。でも、いま書いてはいけない。ノートなどに書いてしまうと、後で黒板にそれを書くときに、自分の記憶をもとに書くことになってしまうから、思い出すだけの作業になってしまう。思い出して黒板を数式で埋めるのは、簡単な作業である。僕がやっている大学の講義も、すべて、単に思い出すだけである。これは単なる作業であり、目的が定まっていて、効率だけが重要な要素になる。

目的もなく数式を書いて黒板を埋めるには、あらかじめ数式をどこかに書いておいてはいけない。数式を書くのが、黒板が初めてでないといけない。

仙台からの帰りのバスや電車、飛行機の機内は、ちょうど良い。頭の中に、山系君とヒマラヤ君との雑談を思い出す。そうすると、目の前に数式の記号がひらひらと浮かび始める。頭の中で、数式をマッサージし始める。移項したり、変形したり、積分したりする。もやもやする。しかし、ノートには書かない。

数式の元となる、イメージ図を思い描く。いまの場合は、機械学習に必要なニューラルネットワークの図である。ユニットを足したり、削ったり、層の数を増やしたり、重み結合を変えてみたりする。無限の極限も、自由自在である。ノートに書いていないから。

そして、それをどうしようという目的もない。ただ、色々な変形の可能性を試す。そのうち、数式がまとまり始める。ふむ、変形をしたはずなのに、元に戻っている。面白い。どこかで何かを見落としているはずである。見落としたものを、探すのはとても楽しい。計算を間違えているかもしれない。いや、ノートに書いていないから、頭の中でやっているだけなので、間違えて当然である。けれども、直感的に、それは計算間違いではなく、本質的な見落としであるような気がしてくる。見落としがあることに気づくのが、とても楽しい。

飛行機の中で考え始めると、窓の外の景色が美しすぎて、数式が消え失せてしまった。仕方なく、反対側に目を移すと、隣の座席の若者が数式を眺めている。薄手のソフトカバーの本を膝の上で開き、「環境工学」のような章の数式を、ごつごつした指でゆっくりたどっている。時々指が止まる。光の十分でない機内の薄灯《うすあかり》で数式を読むには、指でたどるのがいいかもしれない。僕はその数式が気になってしまい、結局、ちらりちらりと盗み見をする羽目になってしまった。

左は美しい景色、右も美しいかもしれない数式、となると、どちらを向いても地獄である。僕は寝てしまった。

自宅に帰って食事をしている間、僕は数式の瞑想状態に入っていたらしい。

「あんた、疲れてるんやろ、はよ寝ぇや」

との妻の声で正気に返る。長年連れ添った妻は、僕が研究の瞑想状態に入っていると、すぐにそれと察知する能力を身につけているのだが、このときばかりは僕が疲れていると判断したらしい。多分、本当に疲れているのだ。黒板を数式で埋める明日に備えて、僕は早く寝ることにした。

可哀想な黒板

翌朝、意気揚々と研究室にやってきた僕は、広い黒板を見て気がついた。黒板がすでに、他人の書いた数式で覆われている。先週、目的のある共同研究の議論で、ドイツ人のホイスル君が書き殴っていった数式がほとんどである。いい感じの埋まり方である。左に少し空いた部分がある。ここを僕が埋めれば、黒板が数式で埋まるわけだ。

もちろんそれはダメである。目的もなく数式を書いて黒板を埋めようとしているのに、元から目的を持って書かれた数式でほとんど埋まった黒板を使う道理は、ない。ズルは禁物である。僕は黒板消しを手に取って、ホイスル君の数式を丁寧に消し始めた。

そうしたら、みるみるうちにホイスル君の手形がチョークの粉で浮き上がってきた。確か、ホイスル君は手を黒板につきながら数式を書いていた。だから、手の脂《あぶら》が黒板に残っていたのだろう。奇妙にも炙《あぶ》り絵のように、黒板はたくさんの手形を残す形になった。これでは、目的もなく数式を書くのに集中できないではないか。

仕方なく雑巾を水で絞り、ホイスル君の手の脂をごしごしと消す。なかなか楽しい作業である。上下左右に黒板を雑巾でこすると、少しずつ手の脂が落ちてゆき、手形が見えなくなった。けれども、少し下がって黒板全体を見てみると、手形を消したところだけが妙に浮き上がって見える。これまた仕方なく、黒板全体を雑巾で拭く羽目になった。

見違えるように綺麗になった黒板を眺めて、ここに数式を書き出すのを想像する。こんなに広い黒板でも、数式を書き始めたら、足りないだろう。黒板を埋めてはまた消して、を繰り返すかもしれない。まあ、それはそれで至福である。

さて、約束の昼食後の時間に、僕は山系君とヒマラヤ君を誘いに、研究室のお茶部屋へ顔を出した。お茶部屋では、山系君とヒマラヤ君のほかに、大学院生が数名、コーヒーを楽しんでいるところである。思わず、僕は自分の学会講演で失敗談を講演したことを口にしてしまった。あまりにもお決まりの目的が並ぶ学会講演について、皆がどう思うのかを聞いてみたい、という小さな好奇心が顔を出してしまったのだ。

そうしたら、その後、二時間もそのことで議論をしてしまった。お茶部屋で科学のあり方について話し合うのは大変楽しいし、しかも若いうちにこういったことを話し合うのも大事なことだろう。けれどもその日、目的もなく数式を埋めることを心から楽しみにしていた僕は、自分のせいで、数式の旅に出発する時間が延期、つまり次の機会に持ち越しとなり、すっからかんの黒板を前に、立ち尽くすばかりだった。何も書かれなかった黒板は、何も言わず静かにチョークの音を待つばかりで、これでは可哀想である。

しかし、「コーラは飲む前が一番うまい」というある友人の名言もある。いまのように、おあずけの時間を過ごすことが、人生で最も有意義な時間の過ごし方であるともいえよう。

雲、夢、そして数式

その翌々日の午後、僕はお茶部屋でコーヒーを飲んでいた山系君とヒマラヤ君を呼びつけた。もう待ちくたびれたのである。彼らが僕の部屋に来るなり、有無を言わさず、

「一般座標変換の話を聞いてくださいね」

と一言捨て置いて、ハゴロモチョークを手に取った。何の数式から書こうか、ということにも迷いがない。目的がないので、するすると数式が出てくる。目的がないから、失敗もない。自由に正確に式変形をする。

山系君は時々、

「そうですね」

と口を挟んでくれる。それでますます、数式が滑り出す。チョークの書き心地も申し分ない。

さて読者なる皆様は、阿房数式にお付き合いくださいまして誠に有難う御座いまするが、いま書き出したばかりで、これから黒板の隅から隅まで数式を書き尽くすのをこの調子で続けたら、僕はもともと好きな話だから人の迷惑なぞ構わずに話し続けてもいいが、それを綴った原稿の載る雑誌の締切が迫っていて、うろうろすると間に合わない。雑誌の方が黒板より先に埋まってしまう恐れがある。そこで大概の事は省略してまっしぐらに数式を走らせることにする。

黒板の三分の二ほどが数式で埋まった頃、問題が発生した。目の前をひらひらと飛んでいた数式が急ブレーキを踏み、僕のゴーサインを待つ状態になっている。それもそのはず、目的もなく出発したので、目の前の複数のルートのうちどちらを進めば良いかが自動的にはきまらないのである。山系君もヒマラヤ君も、じっと黒板を見ている。

そのまま静かにチョークを握っていると、手が汗ばんできた。チョークをコロコロと手のひらで転がしてみる。それを見たヒマラヤ君が、ソファから立ち上がった。

「こういった簡単な例で見ていけばいいかと」

とヒマラヤ君は、もう一つのハゴロモチョークを手に取り、ひらひらと数式を黒板に書き始めた。出発進行、である。

山系君も負けじと言葉を挟む。体格のいい山系君の言葉には勢いがある。ヒマラヤ君はそれに応えようとするのだが、持ち前の語り癖で、僕たちを焦《じ》らす。山系君が待ちきれずに、

「答えを先に言ってくださいよ」

とリクエストするのだが、ヒマラヤ君は、

「先に言っちゃあ面白くないじゃないですか」

と数式をそろそろと書き続ける。まるで漫才を見ているようである。

結局、黒板の残りの三分の一は、ヒマラヤ君が埋めてしまった。彼は背が高いので、黒

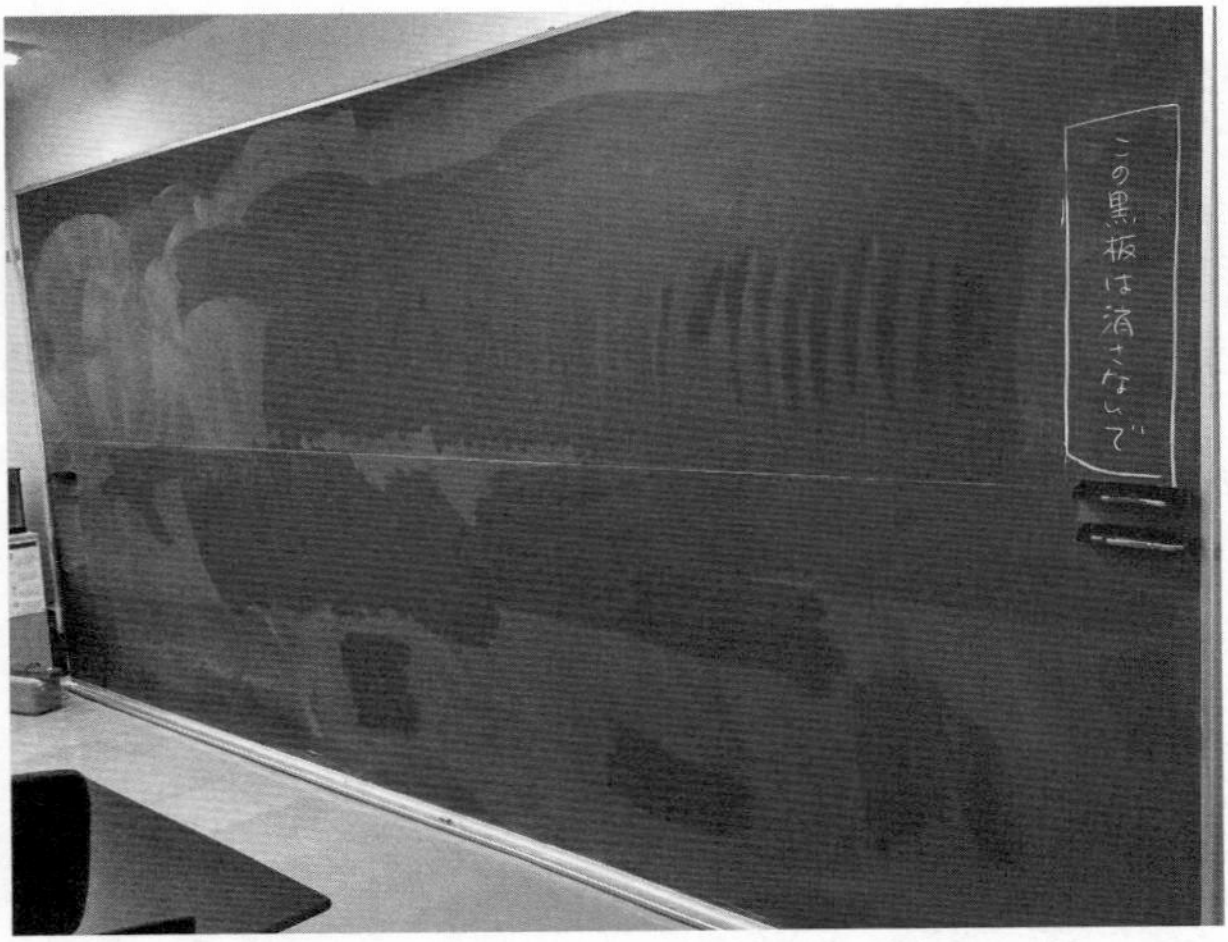

すべての雑念が消され、準備の整った黒板。右側に残るのは掃除の人への伝言である。

板の一番上まで書いて、満足げである。もう書くところがないから、どこを消しましょうか、とヒマラヤ君が言う。消すのは惜しいから、今日はここまでにしましょう、という話になった。

目的がないけれども、黒板に書いているうちに、いくつかの疑問が雲のように発生していた。けれども、目的もなく数式を綴って、疑問が晴れて解決する兆しはない。それはそれで大変愉快である。

黒板が数式で埋まって、三人、満足して別れた。頭の中には、まだ数式が舞い踊っている。これは、しばらく続きそうである。

事後の黒板。右側3分の2は僕が書いた。左側3分の1はヒマラヤ君の独擅場。

そのうち、終着駅が見えてくるのかもしれないし、雲のようにすべてが消えて夢となるのかもしれない。どちらでも良い。

翌日、ヒマラヤ君が僕を見つけて、あの快活な声で言った。

「橋本さん、昨日のあれ、解けましたよ」

（2023年12月）

短編エッセイ

日常における思考法

パンツと脳

下着のパンツの横の部分がすり切れてきて、ついに小さな穴があいてしまった。まだ十分はけるのだからと、はき続けた。すると、だんだんと穴が大きくなり始めた。初めは半径1ミリほどの小さな穴だったのだが、気がつくと半径1センチになり、今日はついに、にぎりこぶしの大きさにまでなってしまっていた。まだゴムは大丈夫だし、パンツとして機能している。よし、今日もはこう。

そう思ってはき始めた瞬間、僕は、この状況が何かに似ている、と咄嗟に感じた。なんだろう？

穴のあいたパンツをはいたまま、しばらく考えてみると、解が脳に浮かんできた。そう、それは「金魚すくいの紙」だった。金魚をすくおうとすると、小さな穴がだんだん大きくなってしまう。けれども、ギリギリまで使う。今はいているパンツにそっくりじゃないか。

早速、この類似性を妻に報告してみた。妻は後ずさりし、類似性はどうでもいいから、穴のあいたパンツを捨ててくれと言った。

しかし僕の脳の中は、「パンツ」と「金魚すくいの紙」という全く異なる二つの概念が、なぜ脳の中でつながったのか、その不思議さの感覚でいっぱいであった。

確かに、こんな不思議な連想の経験がいくつかある。ずいぶん前にドイツの友人を訪ねたときのことである。夫婦でご自宅に招待してくださったので、キッチンを少しお借りして、日本のお菓子である「わらびもち」を作った。白く半透明でプルプルした小さな団子の形のおもちを作り、その上にきな粉をたくさんかけて、上手にできた、と思った。出来上がったわらびもちを友人のご両親にお出ししたところ、感想をひと言おっしゃった。

「砂浜に打ち上げられたクラゲかと思ったわ」

すぐに一同、爆笑したのだが、そのご両親はわらびもちを見たことがなかったので、当然だったのかもしれない。けれども、不思議だったのは、僕自身は、わらびもちも、砂浜に打ち上げられたクラゲも、両方何度も見たことがあったのに、それが全く脳の中でつながっていなかったことである。

この爆笑は、テレビで芸人が面白く「それって～なんちゃうん？」といったことを言ったときの笑いと似ているかもしれない。そもそも脳の中では、記憶された映像は、それが作られた前後の状況などと一緒に記憶されているはずなので、瞬間的な画像の類似性だけから似た画像が連想されることは、珍しいはずだ。そうなっていないと、頭の中がゴチャゴチャになってしまうからである。僕の頭の中では、砂浜に打ち上げられたクラゲを見た子供の頃の記憶と、わらびもちを初めて作った子供の頃の記憶は、それぞれの状況とともに、脳の中の全く違うところに格納されていたのだろう。

特に子供の頃は、その理由を問わずに言葉を記憶してしまう傾向があるように思う。子供にはまだ常識が形成されていないので、まず常識そのものを形成するために、不思議さを問わずに記憶するのであろう。先日、「シーチキン」は「シー（海）」の「チキン（鶏肉）」という風に分解することができる、ということになぜか一人で気づき、驚愕した。生まれてこのかた四十余年、全くそのことに気づかず、何百回もシーチキンを食していた。なんということだろうか。他にも、「マンホール」は「マン（人）」の入る「ホール（穴）」であるとか、英語でマンホールを言う必要に迫られた最近になってようやく、分解したら意味があることに気づいた単語は多い。マンホールにしてもシーチキンにしても、子供の頃に、そういう名前なのだと理由も問わずに記憶していたので、似ている「マン」とか「チキン」とか、その後で学んだはずなのに、全く類似性に気づかなかったのだ。

人間はなぜひらめくのか。物理学者の僕は、新しい物理学をひらめくことが重要であると思っている。けれども、このように考えると、人間はなぜひらめかないのか、そちらを知るのも重要であるように思えてくる。

脳の中の神経細胞の間の結合は、絶えず、太くなったり細くなったりしている。あるところが太くなると、その神経細胞がつないでいる概念が互いに連想されやすくなるのだろう。脳の中の柔軟さを鍛える方法は知らないが、少なくとも、パンツと金魚すくいの紙、程度の連想は、自分の人生を豊かにしてくれている。

娘が目を輝かせて「なぞなぞをしよう」と言ってくる。上等だ、小学生に連想力で負けるもんか。神経細胞の数では負けても、つながり方では負けない。

残念なことに、娘の一問目で、僕のプライドは粉砕された。

大きさは未定

ネットスーパーは困る。商品の実際の大きさがイメージしにくいからだ。先日、ネットスーパーで醤油を買った。大きなペットボトルに入った醤油の写真をクリックして、これで半年は醤油が切れることはあるまい、と安心していた。ところが、醤油が届いてみると、手のひらに載るような小さなペットボトルである。騙《だま》された、と思った。

どうりで安いはずだ。2リットルの醤油ひと瓶が200円である訳がないのだ。よく考えればわかるはずのことだが、インターネットのホームページの写真で見る限り、家にある2リットルのペットボトルと全く形が同じだ。それが理由だろう、僕は勘違いをして、小さなペットボトルの醤油を買ってしまったのだ。「手のひら醤油」は1週間で使い切ってしまった。空になった小さなペットボトルを手に、僕は考え込んでしまった。容量に気づかず買った僕がズボラなんだろうか。

確かに、こんな経験が何度もある。ネットスーパーで蜂蜜を買った時にも、1キログラムのいつものの大きさのものを買ったつもりで、届いたものは手のひらサイズだった。食塩を買った時には、逆だった。袋に入った「詰め替え用」の塩は、テーブルソルトの大きさだと思っていたが、届いてみると、米袋ほどの大きさだった。無念。使い切るのに10年はかかるだろう。

写真で見る大きさから勘違いしてしまった失敗を、次々と思い出し始めた。確か、10年ほど前の韓国出張での出来事だ。ソウル市街で日本食が欲しくなった僕は、小さなファストフードっぽい寿司屋に入った。メニューはハングル文字で読めないが、料理の写真が踊っている。寿司10貫のセットが500円、安い。好きなマグロやハマチも載っている。即座に注文した。しばらく待って、席に出された寿司セットを見て驚いた。1貫の長さが2センチほどしかないのである。日本で見たことがないミニ寿司、お腹も心も全く満たされなかった。

写真の大きさを間違って、感動したエピソードもある。ある時、読んでいた物理学の論文がとても興味深かったので、それについてのコメントを著者にメールで送ってみた。著者には会ったことも話したこともない。ただ、科学だけでつながったのだ。先方からは大変丁寧な返事があり、そこにはさらにいくつかの質問も含まれていた。早速、メール上で物理の議論が始まった。その後、様々な物理の計算結果をお互いにメールで送り合う仲になり、最終的には一緒に論文を執筆した。全てネット上でのやりとりで論文が完成し、それを世界に公開し出版した。その後、いったいこの人はどんな顔をしているんだろう、と興味を持った。ネットで調べてみると、本人のホームページに写真がある。思ったより年上の、にこやかな顔の人だった。

それから半年後、東京で開催される国際会議に彼が参加するとメールがあった。僕も参加する旨を返事し、会場で会うことを約束した。当日、広い会場の向こうの端に、写真で見た顔がある。すぐに向こうもこちらに気づき、走ってやってきた。僕らは会場の入り口で抱き合って、握手をした。手はとても大きかった。そう、彼は、大男だったのだ。写真から伝わる印象と彼本人はかけ離れていて、それがなぜか、僕には嬉しかった。写真から実際の大きさを勘違いすることで生まれる喜びもある。

そう、大きさの概念にとらわれすぎないことは、時々間違いも引き起こすが、本当は幸せなことなのだ。僕が学生だった20年前、理論物理学者は皆、重いリュックを背負っていた。そこには大量の論文や教科書、そして計算ノートが詰まっていたのだ。ところが今は、その全てが手のひらに載るタブレット端末一つに収まっている。理論物理学者は非常に身軽になった。そして、より気軽に研究交流ができるようになったのだ。数十年前、どの物理学者が数千冊の本を片手で持てるようになると予想しただろう。

所有できないものを小さくして所有する。趣味の鉄道模型もその一例だろう。大きすぎたり遠すぎたりして見えないものを、画面で見る。今は地球の反対側の路地裏の様子もすぐにネット上の地図で見ることができるのだ。

科学は、見えないものを見えるようにする。科学が広がり、新しい見え方が世間の常識になってくると、世界の見え方も変わってくる。そして人間は大きな力を手にしていくのだ。

空《から》になった小さな醤油のペットボトルを手にとって見ながら、僕は小さな幸福を感じた。そう、醤油の勘違いは、確かな科学技術の歩みを意味してもいる。ノーベル物理学賞を受賞した南部陽一郎は、ミクロの超伝導を宇宙全体に適用した。大きさの常識という障壁を越えたところに、新しい科学は存在するのである。

巨大な焼売の最適化

直径20センチの巨大な焼売《しゅうまい》が完成して、妻と呆然とそれを見ている。とにかく、なんとかこれを食べよう。

焼売は、一口で食べられるサイズに、一つずつ丁寧に焼売の皮で包んで作り上げた。全部で30個ほどだ。それをフライパンで蒸す段になった。料理の手引きには、蒸し器の中に焼売を一つずつ離して並べるように記述があった。しかし間隔を空けすぎるとフライパンに焼売が全部入らないので、蒸すのを2回にせねばならない。そこで、ギリギリ全部詰め込んで、一度に蒸したのだ。すると、全部の焼売が完全に連結したものができあがった。このように、期せずして巨大焼売が完成したのである。

果たして、どうすればこの失敗を免れることができただろうか。もちろん「一度で蒸さずに二度蒸せば良い」と言われるかもしれないが、それは解ではない。なぜなら、二度目が蒸し上がる頃には一度目の焼売が冷めてしまって、家族皆でアツアツを食べるという目的が達成できないからだ。

それなら、大きめの蒸し器を買えばいいではないか。いや、それも解ではない。なぜなら、焼売なんて毎日作るものではないし、年に数回の催しのためだけに、大きな蒸し器をキッチンに置いておくような余裕も我が家にはない。

そこで、数学の出番だ。フライパンの中で、焼売どうしをくっつけてはいけないが、焼売の総体積は家族のお腹を満たすために減らせない。どうするか。

解は単純である。体積を同じに保ちつつ、底面積を減らせば良い。すなわち、円柱（焼売のこと）を高さ方向に細長くすれば良いのである。解は「背の高い焼売」だ。

僕は狂喜した。原理的には、無限に細長くすれば無限個の焼売をフライパンの中に置けることになる。もちろん、フライパンで蒸すには蓋をせねばならず、フライパンの高さよりは焼売を高くできないので、限界は存在するが。

よし、やってみようか。物理学は実験と理論の学問である。実験をしてみてこそ、理論が正しいとお墨付きをもらえるのである。しかしそこで僕は、はたと思いとどまった。この理論が正しいなら、なぜ売られている焼売は特に細長くないのであろうか？　理論の問題点があるはずである。

確かにまず、細長すぎる焼売は、立ちにくいだろう。物理学的にも、安定して立つ焼売でなければ、横に倒れて結局隣の焼売とつながってしまう、これすなわち本末転倒である。したがって、蒸気の流れで揺らされる程度の横揺れ摂動には耐えられる太さが焼売になくてはならない。

次に、焼売の皮の問題がある。細長い焼売の極限を考えると、体積を一定にした場合、焼売の表面積が無限に増大してしまうのだ。つまり、皮を多く消費してしまい、コスパが悪い。皮の形が歪《いびつ》になってしまうという問題もある。

なるほど、こういった実際の問題を解決するために、焼売はあのような高さになっているのだろう。細長い焼売は、うまくいかない。僕は深いため息をついた。

皮の面積はそれほど大きくせず、焼売を細くしたい。さらに、フライパンの中での焼売の配置も問題だ。うまく蒸されれば良いのだから、そもそも焼売が円柱形をしている必要もない。けれども一口でパクリと食べたい欲求もあるので、口に入る大きさが良い。

このような種類の数学の問題は解くのが非常に難しいことが知られている。例えば、数学の未解決問題として「ソファ問題」と名付けられているものがある。直角に曲がった廊下の角を通ることのできる最大の家具はどんな形か、という問題だ。小学生でも理解できることの問題、現在のところ、数学で証明された解は見つかっていない。

焼売が「直径と高さが同じ値の円柱」の形をとる理由は、人間が経験的にこのような最適化の問題を試行錯誤して解いた結果なのだろう。最適化問題を解くには、相当な数の試行実験が必要だ。そう思いながら焼売を眺めると、壮大な人類の歴史が思い起こされる。

我々人間は、無意識のうちにさまざまな「最適化」を行っている。駅まで最も早く行くにはどのルートを歩けば良いか。家の家具の配置はどうすれば家族皆が満足するか。ご飯のおかずをどの順番で食べると最もおいしいか。

人工知能は教師データからニューラルネットワークを最適化し学習する。つまり複雑な最適化にも、コンピュータが高い能力を発揮するようになった。そんな時代、人間に残されたことは、最適化する新しい評価基準を開拓すること、楽しみの「新しい次元」を創り出すことである。それには、いったん最適化を無視し、思いきって無謀な体験をしてみるのが最も効果的だ。

巨大な焼売は、くっついた皮を家族で奪い合う楽しい夕食となった。そんな体験が、最適化の次元を上げ、人工知能には持ち得ない、人間の人生の楽しみを増やすのだろう。

全世界共通のことばを知る

ヘルシンキの空港で、飛行機の乗り換え待ちの1時間、これを書いている。スウェーデンのストックホルムにある北欧理論物理学研究所での研究会に参加し、講演した帰りである。正直なところ、物理学の研究がこれほど国際的であるとは、大学生の頃まで思ってもみなかった。研究者になってから、もう100回は海外へ行っただろう。

僕は頭の中がほとんど物理のことだけで埋まってしまっているので、物理学が国際的であるならば、僕は国際人だ、ということになる。図らずも国際人になってしまったことに、後悔はない。むしろ、楽しんでいる。

大学院に進学した頃、まず苦労したのが、英語だった。そう、物理学の専門の教科書や最先端の論文は、英語で書かれているのだ。当たり前である、科学は世界全体で進められているのだから。しかし、英語が苦手だった僕には、それが苦痛だった。

大学の英語の講義では演劇の脚本を読まされ、1ミリも興味が湧かず、教科書の2ページ目で脱落した。過去問を手に入れてなんとか単位は取ったのだが、英語がわからん、という苦手意識だけが積み重なった。

しかし、「好きこそものの上手なれ」とはよく言ったものである。物理の教科書や論文の英語の場合、一行一行を読むごとに、新しい物理の考え方やその数式での進め方が頭に染み込んでくる。英語がわからなくても、数式が理解を先導してくれる。

いわば、論文は漫画のようなものなのだ。英語の学術論文を読む時、第1章から順に読んでいくようなことはしない。まず、論文全体に散在する数式を見ていくのである。時には図やグラフも参考にしながら、数式を最後まで眺める。そうすると、著者がどんな物理をやりたいのか、何を示したいのかが、おおまかに伝わってくるのだ。そして、詳しく文章を読む段階に入っていく。

「数式」という万国共通言語は甚《はなは》だ便利である。言葉は通じなくとも、数式なら通じるのである。国際研究会で話す講演者は、母国語が英語ではない場合も多く、フランス訛《なま》りやインド訛りなど、非常に聞き取りづらい。しかし、いったん数式を書き始めると、一気にその講演者の頭の中が自分の頭と同期される。言葉が通じにくくても、数式が通じるのである。

物理学のみで、言葉や習慣が違う外国人と親しくなれる、というのは不思議な体験だ。以前には、一度も会ったことも話したこともないアメリカ人と、一緒に論文を書いて出版したことがある。数式を通じて心を通わせられるという証拠だろう。

今回のストックホルムでの研究会も、いつも通り、初めて出会う研究者たちと楽しく時間を過ごした。恐ろしいことに、これだけ世界が広ければ、非常に似たアイデアで研究している研究者がいるものだ。科学は初めてそれを論文の形にした人が重要であるから、そういった場合、大変慎重にならざるを得ない。世界中の物理学者が、戦っているのである。

毎日、僕の分野だけでも数十編の論文が世に出ている。一刻を争って、世界中で研究が続いている。正直なところ、大学生の頃には、物理学者がそんな職業だとは思ってもいなかった。想像の中での物理学者は、一人引きこもって研究に没頭し、誰とも干渉せず、どこにも出かけず、ただただ大問題と一人で格闘する、そんな仕事だと思っていた。もちろん、そんな学者もいるのだろうが、今の理論物理学者としての僕は、ずいぶん違う。そして、それを楽しんでいる。

初めて海外の講演に呼ばれたのは、韓国だった。同い年の大学院生に出会った。彼が連れて行ってくれたソウルのおでん屋で、人生や文化、歴史の様々な話をした。そこで初めて、国が違うとはどういうことかを知った。

共同研究を何年も続けて、いくつも論文を一緒に書いた後に、なんと生まれ年も誕生日も同じだと判明した共同研究者もいる。

そんな風に、一緒に論文を書いて友達になった人が世界にたくさんいる。もし理論物理学者になっていなかったら、こんな風に世界とは繋がっていなかったろう。

机の引き出しには、十数カ国ほどの通貨が少しずつ溜まっている。その引き出しを開けるたび、いつでも友達に会いに行ける、と心で確認するのだ。

おわりに

一人静かに本を読む、こんなに幸せなことはありません。気がついたら頬が緩んでいる、知らないうちにニヤニヤしている、度々襲いかかるそんな瞬間が、麻薬のように効いてきます。おっと、本書が麻薬かどうかは、この次にあなたが手に取る本で判明することでしょう。その本に理系ワードが少しでも載っていたら、本書の効能が、本物であった証拠かもしれません。

いずれにしても、これを読んでいる皆さんは、すでに一人の物理学者という僕の人生の一部分を共有してしまいました。読書とは、著者の人生と重なることです。今、僕はこの「あとがき」を書いています。そして今、あなたはそれを読んでいます。あなたは本というタイムマシンに乗って時間を遡り、僕を体験しているのです。僕がニヤニヤしている時、たぶん皆さんもニヤニヤしているのです。

物理学の研究は、過去の物理学者を体験することから始まります。論文を読むということは、その著者の物理学を追体験することなのです。あれれ、自分とは感じ方が違う、と思った時が、新しい物理学の始まりです。僕はそれを論文にします。その論文を読むことで、僕の物理学を、他の物理学者が追体験してくれるのです。

物理学の論文を読む物理学者たちの中だけでやっているこの「追体験ゲーム」を、より一般の人にも届けて、体験してもらいたい。そういった想いで作られた前書『物理学者のすごい思考法』が名残惜しく、本書にも4編だけ、前書に載せきれなかった短編エッセイを掲載しました。その「日常における思考法」と題した章の一編をお読みになれば、僕の日常が如何に妻に支えられているかが、滲み出ているかと思います。この場を借りて、僕の日常をすごい日常にしてくれている妻、治子に感謝します。

また、僕をすごい日常に導いてくれた両親、そして僕のすごい日常を受け止めてくださる編集者の田中伊織さんに感謝いたします。

すごい日常、とは何でしょうか。じつは、皆さんの日常も、すごいのです。僕たちの体は、宇宙の超新星爆発や中性子星合体で生じた重元素を含んでいます。すごい数の素粒子が集まって人の体を作り、その体が意識を持って、この本を今読んでいるのです。奇跡的にすごい日常ですよね。

心に、科学を。

2024年3月29日　京都にて　　橋本　幸士

初出

集英社クオータリー『ｋｏｔｏｂａ』２０２１年秋号〜２０２４年春号
『小説すばる』（集英社）２０１７年12月号〜２０２０年10月号

橋本幸士 はしもと こうじ

京都大学大学院理学研究科教授。「学習物理学」領域代表。一九七三年生まれ、大阪育ち。専門は素粒子論（弦理論）。京都大学で理学博士を取得後、カリフォルニア大学サンタバーバラ校理論物理学研究所、東京大学、理化学研究所、大阪大学を経て現職。著書に『物理学者のすごい思考法』（インターナショナル新書）など。映画『シン・ウルトラマン』の物理学監修、『オッペンハイマー』の字幕監修、音楽家・身体パフォーマーとの共同作品など、物理学とメディアや芸術を融合する試みも行っている。

インターナショナル新書一四一

物理学者《ぶつりがくしゃ》のすごい日常《にちじょう》

二〇二四年六月一二日 第一刷発行

著者 橋本幸士《はしもとこうじ》
発行者 岩瀬 朗
発行所 株式会社 集英社インターナショナル
〒一〇一-〇〇六四 東京都千代田区神田猿楽町一-五-一八
電話 〇三-五二一一-二六三〇
発売所 株式会社 集英社
〒一〇一-八〇五〇 東京都千代田区一ツ橋二-五-一〇
電話 〇三-三二三〇-六〇八〇（読者係）
〇三-三二三〇-六三九三（販売部）書店専用
装幀 アルビレオ
印刷所 大日本印刷株式会社
製本所 大日本印刷株式会社

 ISBN978-4-7976-8141-3 C0242

インターナショナル新書

067
物理学者のすごい思考法
橋本幸士

超ひも理論、素粒子論という物理学の最先端を研究する学者は、日常生活でも独特の視点でものを考える。通勤の最適ルート、ギョーザの適切な作り方、エスカレーターの乗り方……。物理学の本質に迫るエッセイ集。

139
クレーンゲームで学ぶ物理学
小山佳一

クレーンゲームの仕組みや景品ゲットまでの悪戦苦闘を描きながら、「座標・ばね・重心・てこの原理・振動・電磁誘導」といった、物理の基本に触れていく。ゲーム歴30年の物理学者による、オモシロ物理学入門！

142
人類1万年の歩みに学ぶ平和道
前川仁之

世界の思想家、科学者、軍人らが追い求めた「平和志向」の歴史を旅する一冊！ ノンフィクション作家である著者が、古今東西、平和実現のための試みをつなぎ合わせ、現代人に求められる〝平和道〟を提示する。

143
日本はどこで道を誤ったのか
山口二郎

政治家や官僚の劣化、少子化による人口減少、上昇しない実質賃金、インフレによる生活苦……現在の日本社会が停滞している原因は、どこにあるのか？ 令和の時代にふさわしい新しい政治のあり方を考え、提言する。